Olaf Perwitzschky

Klettern

Olaf Perwitzschky

Klettern

Alles über
Ausrüstung,
Technik,
Training und
Sicherheit

blv

Der Vorstieg 44

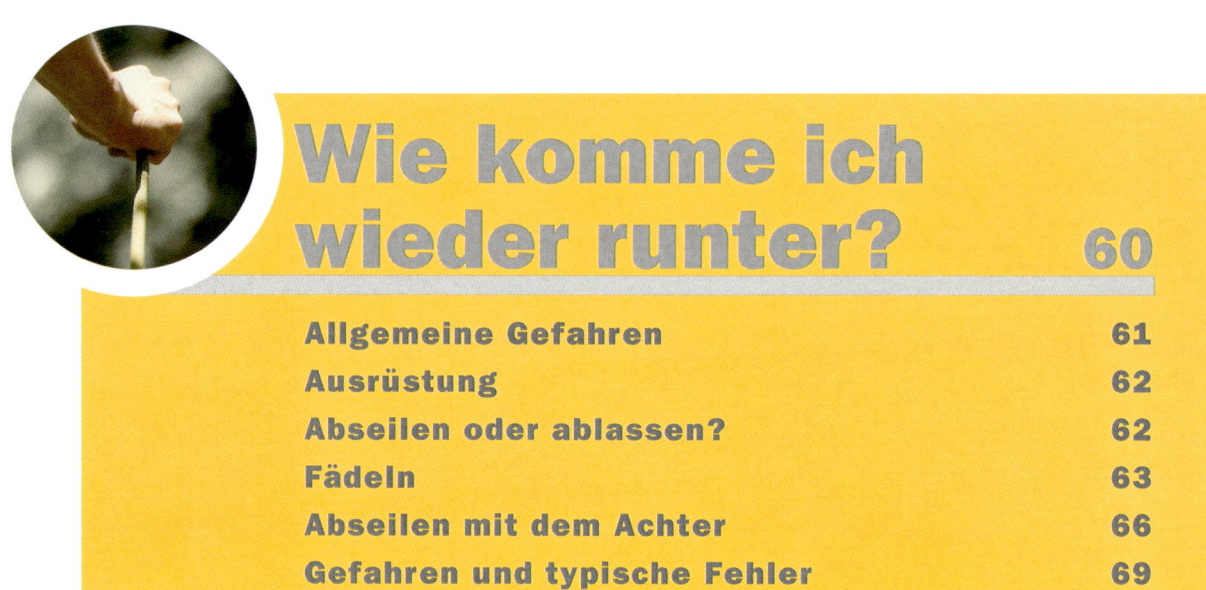

Wie werde ich besser? 90

Was man sonst noch wissen sollte 114

Einleitung

»Klettern ist Sport. Gegenüber anderen Sportlern ist es arrogant zu behaupten, es sei mehr. Als Sport beinhaltet das Klettern jedoch die großartige Chance, jenseits der körperlichen Leistung eine phantastische Natur zu erleben, in interessante Länder zu reisen, mit Freunden im Café herumzuhängen und sich nicht von Trainern oder Offiziellen sagen lassen zu müssen, was man zu tun hat. Insofern wird der Sport auch zu einem Lebensstil.«

Wolfgang Güllich

Seit Wolfgang Güllich diesen sehr tiefsinnigen Ausspruch Ende der achtziger Jahre getan hat, hat sich das Klettern verändert. Es steht auf der Schwelle zum Breitensport, ist oft schon Schulsport. Aber dennoch ist Klettern nach wie vor nicht nur eine Sportart wie so viele andere.

Klettern war früher einmal der Sport für Freaks. Ausgeflippte Gestalten, die ihr Leben an ein dünnes Stück Seil hängen. Heute klettert Jedermann, vom Kleinkind bis zum Rentner. Für die meisten ist es schlichtweg eine schöne Freizeitbeschäftigung, für viele ist es aber auch eine Lebenseinstellung. Viele Kletterneulinge kommen über das Hallenklettern zu diesem Sport. Aber schon bald zieht es fast jeden raus in die Natur, an den echten Fels. Das liegt sicherlich an der Vielfalt, die das Klettern bietet. Da ist zum einen die körperliche Betätigung in all ihren Facetten. Balance und Kraft sind gleichermaßen gefordert wie Technik und Ausdauer. Es wird nicht nur eine Muskelgruppe beansprucht, sondern es muss der ganze Körper arbeiten – von der Fußmuskulatur bis in die Fingerspitzen. Und auch der Kopf muss hart arbeiten. Ohne Konzentration ist schnell Endstation. Selbstüberwindung ist ein anderer, wichtiger Faktor. Wie schön ist es, eine Route oder auch nur eine Stelle zu klettern, bei der es gilt, die Angst, den Geist, sich selbst zu überwinden. Das Hochgefühl danach ist mit nichts vergleichbar.

Der pädagogische Aspekt des Kletterns wird zusehends von Schulen und Einrichtungen erkannt und genutzt. Einer ist auf den anderen angewiesen, hat das Leben des Kletterers im wahrsten Sinne des Wortes in der Hand. Sichern als pädagogisches Handwerkszeug. Das erkennen und schätzen selbst Spitzenmanager der deutschen Wirtschaft. Für sich und ihre Mitarbeiter buchen sie in den letzten Jahren verstärkt so genannte Incentives, bei denen es darum geht, Teamarbeit und Problemlösungen, die beim Klettern erarbeitet werden, auf den täglichen Job zu übertragen.

Nicht zu vergessen die Verbundenheit zur Natur. Was gibt es Schöneres, als ein griffiges, sonnenüberflutetes Stückchen Fels oder einen sonnigen Standplatz.

Klettern macht Spaß und ist sicher. Der Amerikaner Yvon Chouinard, Yosemite-Urgestein und Gründungsvater der Bergsportfirmen Patagonia und Black Diamond: »In the past sex was safe and climbing was dangerous, today climbing is safe and sex is dangerous.« Moderne Technik und ausgeklügelte Sicherungsmethoden machen es möglich.

Klettern ist ein komplexes Konglomerat aus verschiedenen Bausteinen. Jedes Element für sich macht die Sportart interessant, alle zusammen machen sie einzigartig.

Dieses Buch richtet sich an alle, die dem Klettern verfallen wollen oder die bereits überzeugte Freunde der Senkrechten sind. Es begleitet den Kletterer von seinen ersten Schritten in der Senkrechten bis hin zum eigenständigen, selbstverantwortlichen Kletterer.

Klettern – die Überwindung der Schwerkraft – hat eine magische Anziehung auf Jung und Alt. Es hält mit allen seinen Facetten für jeden etwas bereit: Ob Bouldern knapp über dem Boden, ob Klettern in sonnigen Sportkletterrouten oder in Mehrseillängen-Touren in den Alpen – wer der Senkrechten erst einmal verfallen ist, kommt so schnell nicht mehr davon los!

Geschichte des Kletterns

Schon seit Urzeiten klettert der Mensch. Früher war das Klettern allerdings Mittel zum Zweck. Jäger und Strahler (Steinesucher) haben schon vor Jahrhunderten schwierige Anstiege im dritten und vierten Schwierigkeitsgrad bezwungen. Rein aus sportlichen Gesichtspunkten heraus wird das Klettern erst seit Anfang des letzten Jahrhunderts betrieben.

Die Wiege des Freikletterns liegt im Elbsandsteingebirge. Dort wurde schon zu Beginn des vorigen Jahrhunderts ohne die Verwendung von künstlichen Hilfsmitteln geklettert. Das Seil diente nur zur Sicherung. Mit Auswanderern schwappte diese Art zu klettern über den großen Teich nach Amerika. Im berühmten Yosemite Valley in Kalifornien fiel der Gedanke in den fünfziger Jahren auf fruchtbaren Boden. In den folgenden zwei Jahrzehnten entwickelte sich im Yosemite die Sportart Freeclimbing weiter. In den siebziger Jahren wurde dann auch in Europa das Freiklettern wieder entdeckt. Die Zeit davor war die Zeit der Direttissimas in den Alpen. Mit allen nur erdenklichen Hilfsmitteln nagelte man sich die Wände rauf. So entstanden Hakenleitern bis zum Gipfel. Wo keine Haken in Risse geschlagen werden konnten, wurden Bohrhaken gesetzt. Der Begriff des »Mord am Unmöglichen« war geboren. Dieses so genannte technische Klettern erlebte einen seiner Höhepunkte, als sich der Italiener Cesare Maestri 1970 am Cerro Torre in Patagonien den Berg hochbohrte – und zum schnelleren Bohren einen Kompressor

In den Anfangsstadien des Freikletterns:
Milan Sykora im Ith

mitführte. Der Kompressor hängt noch heute (oder besser: heute wieder) unter dem Gipfel des Cerro Torre.

Nicht lange nach der Wiederentdeckung des Freikletterns machte man sich zunehmend Gedanken über die Schwierigkeitsbewertung. Nach der UIAA-Skala (Union Internationale des Associations d'Alpinisme), die nahezu alpenweit Verwendung fand, galt der VI. Grad als das äußerste von Menschen Kletterbare. Die Skala endete bei VI+.

1977 kletterten Reinhard Karl und Helmut Kiene die »Pumprisse« an der Fleischbank im Wilden Kaiser und bewerteten die Route mit dem Schwierigkeitsgrad VII. Für Traditionalisten ein Skandal, für die modernen Kletterer eine Befreiung. Dies war die erste Route in den Alpen, die offiziell mit dem VII. Grad bewertet wurde. Zwar war der siebte Schwierigkeitsgrad schon früher geklettert worden, aber niemand hatte sich getraut, eine Route außerhalb der gebräuchlichen Skala zu bewerten.

Bereits zwei Jahre früher hatte Kurt Albert in der Fränkischen Schweiz damit begonnen, alte klassische Routen, die bis dahin nur technisch, also unter Zuhilfenahme von Haken zur Fortbewegung geklettert worden waren, frei zu begehen. Die Routen, bei dem ihm das gelang, markierte er mit einem kleinen roten Punkt. Heute kennt jeder Kletterer den Begriff Rotpunkt (siehe unten), der darin seinen Ursprung hat. Danach ging alles sehr schnell. Die UIAA-Skala wurde nach oben geöffnet, das Limit fast täglich weiter nach oben geschraubt.

Eine – um nicht zu sagen die entscheidende – Rolle spielte dabei Wolfgang Güllich. Er war derjenige, der die maximale Schwierigkeit immer noch etwas mehr puschen konnte. Ein unglaubliches Talent und die Umsetzung von Trainingsmethoden, wie man sie nur aus anderen Sportarten kannte, ließen ihn seiner Zeit weit voraus sein. 1991 konnte Wolfgang Güllich mit der Route »Action Directe« im Frankenjura eine Route begehen, die mit dem unglaublichen Schwierigkeitsgrad 9a (französisch) oder XI nach der UIAA-Skala bewertet wurde. Erst 1995 konnte die Route von Alexander Adler wiederholt werden, obwohl sie von den weltbesten Kletterern regelrecht belagert wurde. Sie gilt noch heute als eine der schwierigsten Routen der Welt. Wolfgang Güllich verstarb 1992 an den Folgen eines Autounfalls.

Die Herausforderung an die heutige Klettergeneration besteht vor allem darin, das Kletterniveau der Klettergärten an die großen Wände der Alpen oder an die himmelhohen Felstürme des Himalaja oder der Anden zu übertragen. Auch eine Entwicklung, die Wolfgang Güllich eingeleitet hatte. Namhafte Ziele wie Ogre oder Latok im Karakorum, die Torres del Paine und der Cerro Torre in Patagonien oder die abweisende Nordwand der Westlichen Zinne in den Alpen waren in den letzten Jahren viel besuchte Ziele für die Spitzenkletterer der Welt.

Kurt Albert, Vater der Rotpunktbewegung

Grundlagen

Dem Menschen liegt das Klettern im Blut. Aus Sicht der Evolution ist es noch nicht so lange her, dass wir »vom Baum gestiegen« sind. Jedes normal entwickelte und gesunde Kind klettert gerne auf Bäume, Klettergerüste oder sonstiges. Doch mit der Zeit geht beim modernen Menschen der Klettertrieb verloren – außer bei einigen wenigen.

Zum Klettern bedarf es nicht viel: ein gewisses Maß an Sportlichkeit sowie ein Gurt, ein Seil und eine Handvoll Karabiner. Und das Grundwissen der Sicherungstechnik. Denn wer sich in die Höhe begibt, sollte dies – im Gegensatz zu unseren Vorfahren – nur mit Seil und Gurt gesichert tun.

Woran kann man klettern?

Klettermöglichkeiten gibt es fast auf der ganzen Welt. Man kann an sonnenüberfluteten Felsen direkt über dem Meer klettern oder an sturmumtosten Wänden in »the middle of nowhere«. Kurze Boulder mit nur ein oder zwei Kletterzügen 30 Zentimeter über dem Boden im französischen Fontainebleau gehören genauso zum Kletterspektrum wie 1000 Meter lange Touren im sagenumwobenen Yosemite.

In den Klettergebieten Deutschlands findet man die drei wichtigsten Gesteinsarten des Klettersports. Granit im Harz und im Steinwald, Sandstein in der Pfalz und im Elbsandstein und Kalk im Ith und im Frankenjura sowie in den Nördlichen Kalkalpen. Je näher man an die Alpen kommt, desto zahlreicher werden die Klettermöglichkeiten. Jede Gesteinsart hat ihre Besonderheiten, aber ein guter Kletterer kommt in jedem Gestein zurecht. Auch wenn man vielleicht ein paar Tage zur Umgewöhnung braucht, ist es doch immer wieder schön, auch mal an einem ganz anderen, ganz neuen

Typische Kalkstrukturen

Untergrund seine Griffe und Tritte zu suchen. Wer nicht auf Schwierigkeitsgrad-Jagd ist, sondern klettert, um draußen zu sein und die Natur zu erleben, wird an den unterschiedlichen Gesteinsarten sicherlich seine Freude haben.

Neben den drei oben genannten Gesteinsarten gibt es noch einige andere, seltenere Gesteine. Dazu gehört Konglomerat, eine Zusammensetzung aus verschiedenen Gesteinen und Urgestein, das dem Granit recht ähnlich ist.

Und dann ist da noch das Plastik, wie man im Kletterjargon sagt. Damit sind künstliche Kletteranlagen, zumeist Kletterhallen gemeint, die inzwischen fast in jeder deutschen Großstadt zu finden sind. Griffe und Tritte bestehen aus Polyesterharz, die Wand aus mit Sand beschichteten Holzplatten.

Begehungsstile

Klettern ist nicht gleich Klettern. Es gibt etliche verschiedene Formen der Begehung einer Route. Im Folgenden sind die wichtigsten Begehungsstile aufgeführt. Mag es manchem Einsteiger oft merkwürdig oder sinnlos erscheinen, erschließt sich spätestens mit zunehmender Erfahrung der wirkliche Unterschied. Ganz pragmatisch kann man

sich auf den Standpunkt begeben: Geklettert ist geklettert. Aber die Kletterleistung ist zu sehr von unterschiedlichen Faktoren abhängig. Jeder wird das merken, wenn er beginnt, vorzusteigen.

Toprope

Das Klettern im Toprope, also mit Seil von oben, ist die Begehungsart, mit der jeder Einsteiger das Klettern beginnt und erlernt. Sie wird ihn das ganze Kletterleben lang begleiten. Beim Toprope kommt für den Kletterer das Seil von oben. Ob er dabei von einem Standplatz aus gesichert wird, also dem Sichernden entgegen steigt, oder ob über eine Umlenkung von unten gesichert wird, spielt dabei keine Rolle.

Routen, die im Toprope geklettert werden, zählen streng genommen nicht als geklettert. Bei der großen Masse der Kletterer wird es aber doch berücksichtigt, wenngleich man der Fairness halber immer sagen sollte, dass man eine Route im Toprope geklettert hat.

oben: Ohne Risiko: Klettern im Toprope
links: Klettern in typischem Konglomerat-
gestein in der Nordeifel

Rotpunkt

Eine Route gilt dann als Rotpunkt geklettert, wenn sie von unten im Vorstieg in einem Zug (also sturz-frei) geklettert wird, ohne sich an den Haken oder anderen künstlichen Mitteln festzuhalten oder an ihnen zu ruhen (so genanntes freies Klettern oder auch Freeclimbing). Das Seil dient ausschließlich zur Sicherung. Der Kletterer bringt die Sicherungs-mittel selbst an (falls nötig) oder hängt die Expres-sen in die Haken und klinkt das Seil ein. Er kann die Route vorher auschecken und sogar klettern, so oft er will. Auch darf er andere Kletterer in der Route beobachten und sich Tipps geben lassen.

Pinkpoint

Die Pinkpoint-Begehung ist annähernd identisch mit der Rotpunkt-Begehung, allerdings befinden sich die Expressen bereits in den Haken. Das ist vor allem bei langen überhängenden Routen ein deutlicher Vorteil, weil man sich viel Zeit beim Klin-ken spart. Pinkpoint ist am Naturfels (draußen) bei den extrem schweren Routen der normale Bege-hungsstil, setzt sich aber auch in gemäßigten Schwierigkeitsgraden immer mehr durch. Unter anderem, weil es sehr lästig ist, nach vergeblichen Versuchen die Expressen immer wieder aus den Haken zu entfernen.

Flash

Eine Route ist dann im Flash geklettert, wenn sie genau wie beim Rotpunkt von unten frei im Vor-stieg geklettert wird. Es muss für den Kletterer aber der erste Versuch in der Route sein. Er darf sich auf die Tour allerdings durch Abseilen, Beobach-ten anderer Kletterer etc. intensiv vorbereiten und auch Tipps von anderen Kletterern einholen.

On sight

Bei einer On-sight-Begehung darf der Kletterer die Route weder kennen noch darf er einem anderen Kletterer bei der Begehung dieser Route zugese-hen haben. Auch darf er sich keine gezielten Infor-mationen über bestimmte Bewegungsabläufe oder Griffe bzw. Tritte einholen. Er kann sich allerdings die Route von unten intensiv anschauen. Darüber

hinaus gelten dieselben Bestimmungen wie beim Pinkpoint. Wettkämpfe werden in aller Regel im On-sight-Modus geklettert.

Free solo

Free solo ist sicherlich die psychisch anspruchs-vollste Art des Kletterns. Beim Free solo verwendet der Kletterer keine Art der Sicherung. Stürze haben somit meist ziemlich endgültige Folgen. Free-solo-Begehungen sollte man Profis überlas-sen, die genau wissen, wie sie sich und die Gefahr einzuschätzen haben. Beim Free-solo-Klettern ist vor allem die psychische und mentale Leistung sehr hoch einzuschätzen, da ein Fehler meist töd-lich endet.

Bouldern

Bouldern würde wörtlich übersetzt so viel heißen wie »felsbrockeln«. Das kommt daher, dass vor allem an Felsbrocken gebouldert wird, die oft wahl-los irgendwo in der Landschaft liegen. Bouldern ist das Klettern in Absprunghöhe ohne Sicherung.

Beim Bouldern werden höchste Schwierigkeiten geklettert, weil die psychische Komponente (fast) komplett entfällt. Allerdings gibt es auch Boulder, die recht hoch sind und wo sich ein Abspringen nur noch sehr bedingt empfiehlt. War Bouldern früher nur Training für das Sportklettern, hat es sich inzwischen zu einer eigenständigen Spielart des Kletterns entwickelt, mit eigenen Wettkämpfen und eigenen Regeln.

Beeinflussende Faktoren

Die letztendliche Kletterleistung wird von etlichen verschiedenen Faktoren beeinflusst. Je nach Gesteinsart, Routencharakter, Vorlieben und persönlichen, körperbedingten Voraussetzungen (Körpergröße, Gewicht, Spannweite etc.) sind die verschiedenen Faktoren unterschiedlich stark gewichtet:
- Kraft
- Ausdauer
- Technik
- Taktik
- Flexibilität
- Psyche
- Motivation
- Sonstige Faktoren.

Nur das optimale Zusammenspiel der einzelnen Faktoren ermöglicht am Ende eine optimale Leistung. Aber auch für Leute, die einfach nur Spaß am Klettern haben wollen, sind einige der Faktoren wichtige Parameter bei der sportlichen Leistung.

Kraft und Maximalkraft
Die Maximalkraft ist die größtmögliche Kraft, die ein Muskel einem Widerstand entgegensetzen kann. Im Bereich des Hobbykletterns wird der Kraft häufig zu viel Bedeutung beigemessen. Am Beginn der Freikletterära Ende der siebziger Jahre dachten viele, wer die meisten Klimmzüge schafft, sei der beste Kletterer. Das führte dann zu solchen Blüten, das ein amerikanischer Kletterer 86 Klimmzüge in Folge machen konnte. Doch Kraft ist nicht alles … Oftmals stellen sich Frauen als Klettereinsteiger geschickter an als Männer. Die Männer bringen zu viel Kraft mit und setzen diese auch ein, vernachlässigen dabei aber die Technik. Frauen haben weniger Kraft und müssen daher mit Technik arbeiten, was sich oftmals als positiv herausstellt. Ganz ohne Kraft geht es aber natürlich auch nicht. Wichtig ist dabei die relative Kraft, also die Kraft im Bezug zum Körpergewicht.

Bouldern: (fast) risikolose Spielart des Kletterns knapp über dem Boden.

Ausdauer

Die Ausdauer ist die Fähigkeit, eine Leistung über einen möglichst langen Zeitraum zu erbringen. Die Ausdauer muss beim Klettern unterteilt werden in Kraftausdauer und Grundlagenausdauer. Die Kraftausdauer betrifft die Kletterleistung direkt, die Grundlagenausdauer wirkt sich mehr auf die Belastung des gesamten Organismus beim Klettern aus. Je nachdem welche Art der Kletterei man betreiben möchte, kommt der Kraftausdauer eine wichtige Rolle zu. Natürlich spielt sie beim Bouldern keine (große) Rolle, da ist Maximalkraft gefragt, aber beim Klettern langer alpiner Routen ist schon ein gutes Stück Ausdauer notwendig.

Beweglichkeit

Die Beweglichkeit ist eine Grundvoraussetzung für das »schöne« Klettern. Auch für eine gute Klettertechnik ist die Beweglichkeit wichtig. Sie wird oftmals vernachlässigt. Beweglichkeitstraining sollte aber bei jedem Aufwärmen und auch bei jedem Cool-down ein fester Bestandteil des Kletteralltags sein.

Technik

Die Technik beim Klettern setzt sich aus verschiedenen Komponenten zusammen. Zum einen sind die Bewegungstechniken gefragt, also ganz spezielle Klettertechniken wie Eindrehen oder Piazen. Zum anderen spielen die koordinativen Techniken eine wichtige Rolle, die sich wiederum aus Gleichgewicht, Reaktionsfähigkeit und Orientierungssinn sowie einigen anderen Komponenten zusammensetzt. Vor allem in den gemäßigten Schwierigkeitsgraden ist es in aller Regel die Technik, die den Einsteigern oder Gelegenheitskletterern fehlt. Mit einer ausgereiften Technik lässt sich viel Kraft sparen. Ganz abgesehen davon wirkt technisch sauberes Klettern viel ästhetischer als wenn sich reine Kraftmeier die Wand hoch ziehen. Eine gute Technik setzt immer eine hohe Bewegungserfahrung voraus. Deshalb ist das beste Training: klettern, klettern, klettern …

Taktik

Die Taktik bei der Begehung einer Route wird im Einsteigerbereich häufig total vernachlässigt. Aber das geplante Herangehen an eine Route entschei-

Info

Motivation ist die Triebfeder jeglichen Handelns. Aus welcher Motivation heraus der Einzelne klettern geht, ist dabei egal. Will man einen Wettkampf gewinnen oder einen bestimmten Schwierigkeitsgrad klettern oder einfach nur in der Natur sein und die Gesellschaft von Freunden genießen? Das die Letztgenannten nicht unbedingt die härtesten Routen knacken, ist plausibel. Dafür haben sie aber vielleicht mehr Spaß am Klettern.
Und Spaß garantiert wieder eine besonders gute Motivation für die nächste Kletter-Saison!

Der Kopf entscheidet: Die Psyche ist ein wichtiger Faktor beim Klettern.

det schnell über Erfolg oder Misserfolg. Es gibt viele Dinge, die sich schon vom Boden aus vorbereiten oder einplanen lassen. Und warum die Möglichkeit nicht nutzen, wenn sie besteht?

Psyche

Die Psyche kann einen Kletterer zur Bewegungslosigkeit lähmen oder zu Höchstleitungen antreiben. Dass beim Klettern der Faktor Angst eine wichtige Rolle spielt, wo man sich (so) hoch über dem Boden befindet, ist nachvollziehbar.

Grundausrüstung

Klettern kann eine Sportart sein, für die nicht viel Ausrüstung notwendig ist (Toprope, Bouldern) oder

aber zu einer regelrechten Materialschlacht ausarten (Alpines Klettern, Eisklettern).

Die Grundausrüstung ist nicht so umfangreich und hält meist (je nach Intensität der Nutzung) mehrere Jahre. Wer sich sicher ist, dass Klettern seine Sportart ist oder wird, sollte bei der Grundausrüstung nicht sparen, sondern von Anfang an auf gutes Material achten. Beim Tischtennis hat schlechtes Material weniger gravierende Folgen als beim Klettern. Wobei gutes Material nicht gleichbedeutend mit teurem Material ist. Wichtig bei den technischen Produkten ist vor allem eine einfache und verständliche Bedienung, bei der möglichst keine Fehler gemacht werden können.

Laut Gesetz dürfen in der EU nur sicherheitsrelevante Ausrüstungsgegenstände verkauft werden, die geprüft und mit dem CE-Zeichen versehen

sind. Deshalb sind Billigangebote in einigen osteuropäischen Ländern auch mit äußerster Vorsicht zu genießen.

Noch höhere Anforderungen an das Material stellt die UIAA. Dieses Zeichen dürfen nur gesondert geprüfte Produkte tragen. Allerdings ist das UIAA-Zeichen nicht gesetzlich vorgeschrieben und somit nur ein zusätzliches Qualitätskriterium.

Seil

Natürlich braucht man ein Seil. Standard sind Seile mit 50 Meter Länge, besser sind 60 Meter. Allerdings hat ein langes Seil auch Nachteile. Es muss oftmals bei kurzen Routen ewig lange durch-

oben: Moderner Sportklettergurt
links: Sinnvoll: Verwendung eines Seilsacks

gezogen werden (was natürlich bei einem kurzen Seil schneller geht). Und auch das Gewicht spielt eine Rolle, wenn man mal längere Zustiege zu bewältigen hat.

Das Seil sollte um die 10,5 Millimeter Durchmesser haben. Ein extra leichtes und dünnes Seil ist für Klettereinsteiger, die viel im Toprope klettern, nicht sinnvoll, da es schneller verschleißt als ein etwas dickeres Seil.

Gurt

Auch ein Gurt ist für jeden, der das Klettern erlernen und betreiben will, unumgänglich. Ebenso für den Seilpartner, den Sichernden. Manchmal sieht man Leute, die zu zweit nur einen Gurt haben und irgendwo über einen Fixpunkt sichern (im Klettergarten). Das ist sicherheitstechnisch zwar (meist) okay, schränkt aber in der Auswahl der Gebiete enorm ein, da Fixpunkte am Wandfuß heute eher die Ausnahme sind.

Ein Hüftsitzgurt ist heute Standard. Er ist einfach in der Bedienung, gewährleistet ermüdungsfreies und bequemes Hängen und ermöglicht die Erweiterung zu einer Hüftgurt-Brustgurt-Kombination. Beim Kauf sollte man einen Hängetest machen, da nicht jeder Gurt jedem passt. Schmerzt der Gurt irgendwo, ist er nicht zu empfehlen. Für Frauen gibt es extra Gurte, die auf die weibliche Anatomie abgestimmt sind. Wer mit dem Gurt auch Skitouren, Gletschertouren oder ähnliches machen will, sollte darauf achten, dass die Beinschlaufen verstellbar sind.

Zum Hüftsitzgurt gibt es als Ergänzung einen so genannten Brustgurt. Der darf nie alleine verwendet werden, sondern immer nur in Verbindung mit dem Hüftsitzgurt. Über die Verwendung des Brustgurtes sind in der Vergangenheit zahllose Abhandlungen geschrieben worden. Beim Sportklettern (mit geringen Hakenabständen) und beim Klettern im Toprope ist der Brustgurt aber nicht nötig. Erst wenn die Runouts (Hakenabstände) größer werden

und man eventuell mit einem Rucksack klettert, ist ein Brustgurt ratsam.

Karabiner

Für den Anfang sind zwei Schraubkarabiner ausreichend. Schraub- bzw. Verschlusskarabiner unterscheiden sich von normalen Karabinern durch eine Sicherung des Schnappers gegen unabsichtliches Öffnen. Es empfehlen sich die birnenförmigen HMS-Karabiner (**H**alb**m**astwurf**s**icherungs-Karabiner). Zum Sichern ist so ein Karabiner notwendig, er taugt aber auch für die Umlenkung. Außerdem sind mindestens zwei Expressschlingen sinnvoll, da sie selbst im Toprope oder in der Halle häufig zur besseren Seilführung benötigt werden.

oben: HMS-Karabiner, rechts ein so genannter BelayMaster der Firma DMM, der wirkungsvoll die Querbelastung des Karabiners verhindert. unten: Expressschlingen: der untere Karabiner ist fixiert und hat einen Drahtschnapper.

Kletterschuhe

Wer das Klettern ernsthaft betreiben möchte, sollte sich in jedem Fall Kletterschuhe gönnen. Ohne Kletterschuhe wird man häufig frustriert sein, weil andere Leute die Route hinaufkommen und man selbst in seinen Turnschuhen an der entscheidenden Stelle nur rumschabt. Am Anfang müssen die Schuhe nicht so eng sein. Die Zehen dürfen vorne anstoßen, aber sie müssen nicht in die Schuhe gefaltet werden. Das bringt nur unnötige Schmerzen und schädigt auf Dauer die Füße.

Es gibt eine Vielzahl von Modellen für die verschiedensten Zwecke. Für alle nicht extremen Routen sind Schuhe gut, die eine etwas steifere Sohle haben. Das ermöglicht ein ermüdungsfreieres Stehen auf kleinen Tritten. Außerdem müssen diese Schuhe nicht ganz so eng sein.

Bandschlingen

Jeder Kletterer sollte mindestens zwei Bandschlingen haben. Die braucht man immer wieder, zum Beispiel auch zum Einrichten von Umlenkungen. Es empfehlen sich 120 Zentimeter lange, vernähte Schlingen. Die passen doppelt genommen sehr gut über die Schulter. Relativ neu auf dem Markt sind Bandschlingen aus so genanntem Dynema-Material. Die sind besonders schmal (8 bis 10 mm Breite) und somit leichter und besser im Handling.

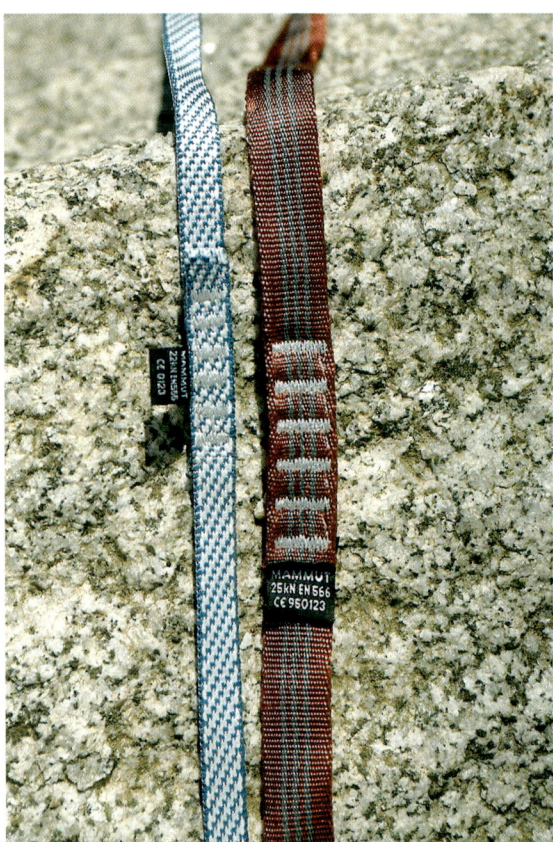

**oben: Zwei vernähte Bandschlingen
rechts oben: Schnürschuhe, Slipper und
Kletterschuhe mit Klettverschluss
rechts unten: Fast schon obligatorisch:
der Chalkbag**

Ein zweckmäßiger Rucksack macht das Kletterleben einfacher.

Vernähte Bandschlingen müssen laut Norm mindestens 22 kN standhalten und müssen entsprechend gekennzeichnet sein.

Helm

Ein Helm gehört zur Grundausstattung beim Klettern. Außer man bewegt sich nur in der Halle. Allerdings ist es im Klettergarten meist nicht üblich, einen Helm zu tragen. Es liegt aber im Ermessen jedes Einzelnen, ob er einen Helm trägt oder nicht. Einen hohen Tragekomfort bieten die neuen Leichthelme. Einige wiegen weniger als 300 Gramm, allerdings sind sie gegen Beschädigung beim Transport anfälliger als Hartschalenhelme, die aber etwas mehr wiegen. Demzufolge müssen die ultraleichten Helme eher ersetzt werden als die etwas schwereren klassischen Modelle. Wer verantwortungsvoll handelt, trägt auch im Klettergarten einen Helm, denn auch dort können durch Kletterer Steine ausgelöst werden. Die Gefahr ist umso größer, je mehr Kletterer da sind. Und da häufig sehr viel los ist, werden zudem Warnrufe (»Stein«) oft gar nicht wahrgenommen.

Chalkbag

Auch wenn manche sagen, chalken (Benutzung von Magnesia) mache in den unteren Schwierigkeitsgraden keinen Sinn, ist es doch üblich, einen Chalkbag zu benutzen. Unter Verwendung von Magnesia speckt der Fels weniger schnell ab, weil der Handschweiß (der sehr sauer ist) neutralisiert wird. Und in Kletterhallen kommt man selbst in leichteren Routen je nach Zustand der Griffe nicht um die Verwendung von Chalk herum. Deshalb gehört er heutzutage zur Grundausstattung. Beim Einsatz von Chalk unbedingt auf lokale Besonderheiten (Magnesiaverbot) achten! Die sind entweder im Führer vermerkt oder man erkundigt sich bei den Locals.

Seilsack

Das Seil ist die Lebensader der Kletterer. Es sollte möglichst schonend behandelt werden. Beim Klet-

tern ist es aber unumgänglich, dass das Seil auf dem Boden liegt. Daher ist es ratsam, einen Seilsack (siehe Bild Seite 18) zu verwenden. Zum einen muss das Seil nach dem Klettern nicht aufgenommen werden, sondern kann einfach in den Seilsack geschmissen werden. Zum anderen schützt der Seilsack das Seil vor allzu starker Verschmutzung. Sonst gelangen auf Dauer kleine Dreckpartikel ins Seil. Das ist nicht direkt gefährlich, aber auch nicht nützlich. Das Handling und die Lebensdauer des Seils verschlechtern sich dadurch.

Rucksack

Irgendwie muss man sein Material zum Fels bekommen. Ein guter Rucksack erleichtert das

Leben. Man hat beide Hände frei und tut sich mit dem Tragen wesentlich leichter als mit Umhängetaschen oder Tüten. Gut ist ein Rucksack aus solidem Außenmaterial (Cordura oder ähnliches). Den kann man überall hinwerfen, ohne dass er Schaden nimmt. Ein Volumen zwischen 30 und 40 Litern hat sich beim Klettern bewährt. Tausend Bändel und Ösen sehen zwar vielleicht cool aus, aber damit bleibt man nur überall hängen. Eine schlichte, schlanke Form ermöglicht es, den Rucksack auch beim Klettern aufzubehalten (Mehrseillängen-Routen/Alpine Touren), ohne dass er allzu sehr stört. Meist ist es so, dass man auf den ersten Metern denkt: »Oh Gott, klettern mit Rucksack!«

Bei der zweiten Seillänge nimmt man ihn aber schon nicht mehr wahr.

Für den reinen Sportkletterbereich gibt es inzwischen Rucksäcke, die einen integrierten Seilsack haben und der die Möglichkeit bietet, alle wichtigen Utensilien (Schuhe, Expressen, Helm …) ordentlich zu verstauen. Eine feine Sache für Ordnungsliebhaber.

Bekleidung

Funktionsbekleidung hat sich im Bergsport durchgesetzt, nur beim Klettern ist noch sehr viel Baumwolle im Einsatz. Nicht zuletzt, weil viele Firmen in ihrer Kletterkollektion mehr auf modische als auf funktionelle Gesichtspunkte achten. Der Einsatz von Funktionstextilien (Kunstfasern) macht aber gerade beim Klettern Sinn, da hier der Wechsel von Belastung und Erholung ständig gegeben ist. Mal schwitzt man, dann steht man wieder untätig (oder sichernd) rum. Da ist ein Shirt, das die Feuchtigkeit vom Körper wegtransportiert und vor allem schnell trocknet, besonders sinnvoll. Ansonsten ist eng anliegende, elastische Kleidung zu empfehlen. Es muss ja nicht so eng sein, dass es nicht mehr bequem ist, aber Schlabberkleidung ist überaus unpraktisch, auch wenn sie gerade hipp ist, und kann sogar gefährlich sein, wenn sie sich zwischen Seil und Karabiner verklemmt.

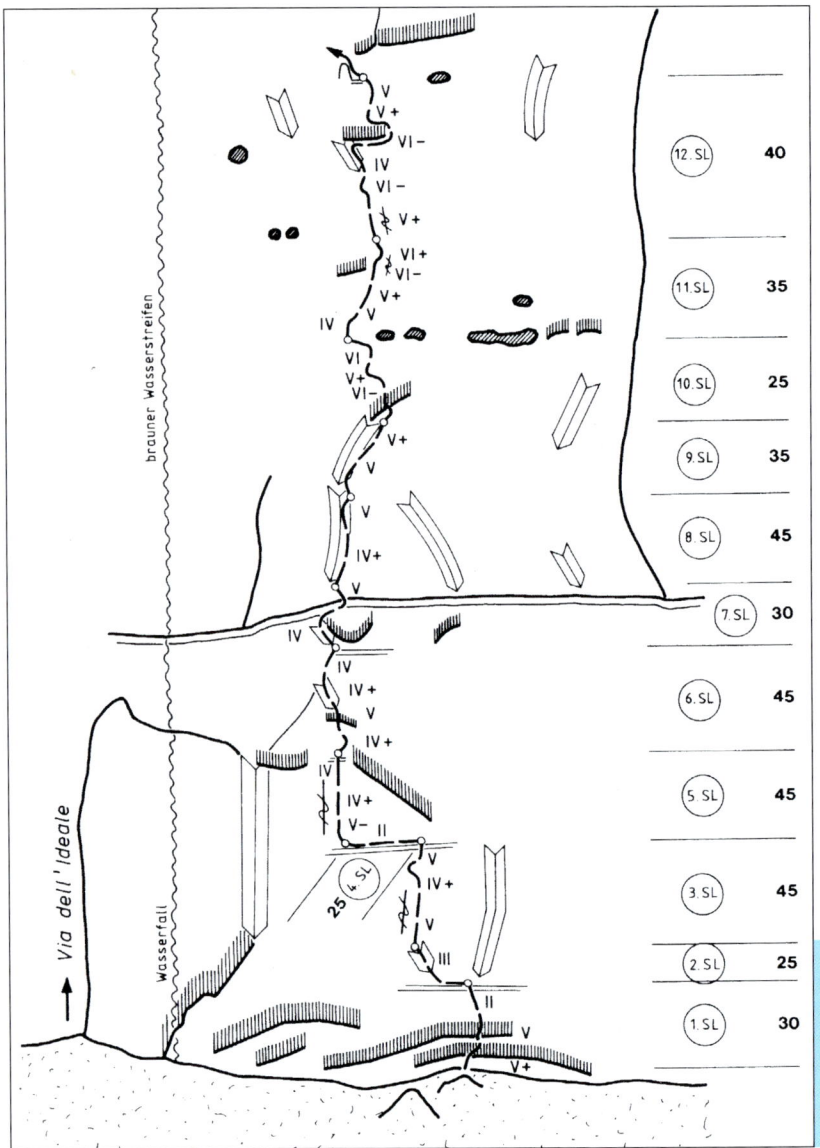

Topo eines guten Führers und auf der rechten Seite die entsprechende Zeichenerklärung

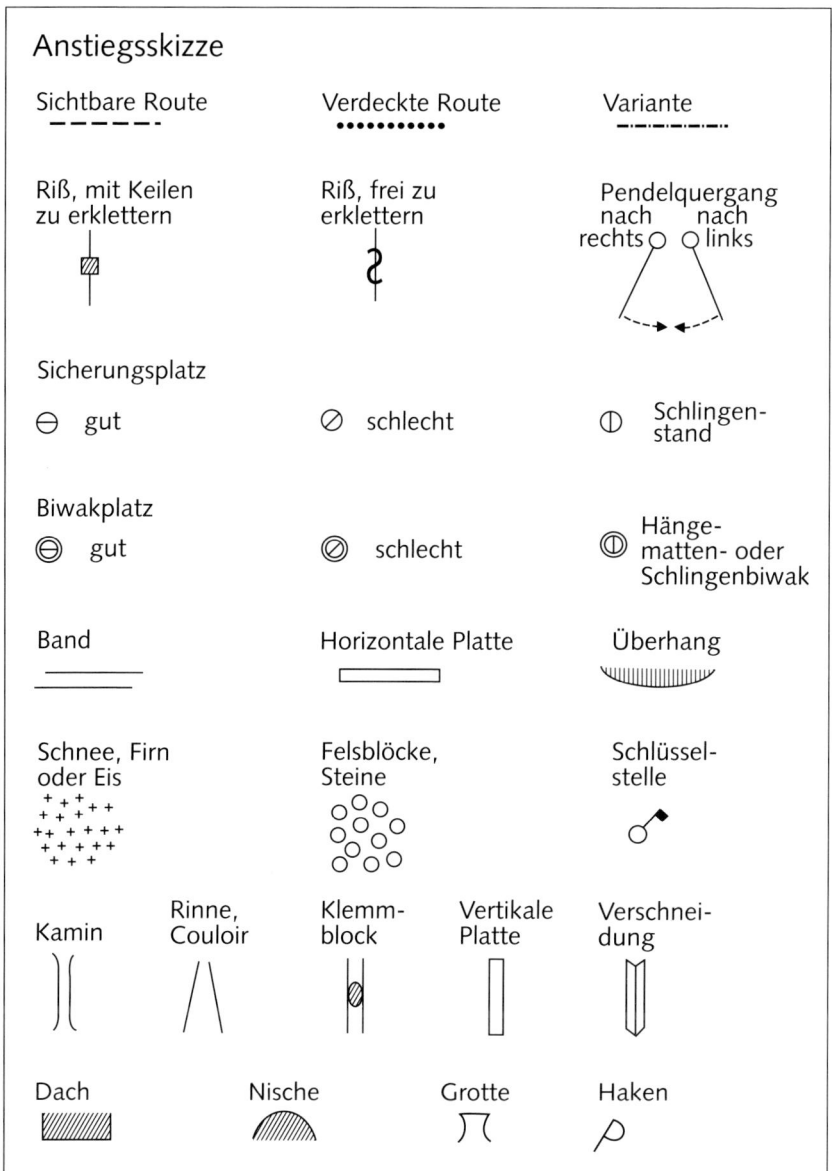

Anstiegsskizze

Sichtbare Route ------

Verdeckte Route ●●●●●●●●●

Variante -·-·-·-·-

Riß, mit Keilen zu erklettern

Riß, frei zu erklettern

Pendelquergang nach rechts ○ ○ nach links

Sicherungsplatz
⊖ gut

⊘ schlecht

⊕ Schlingen-stand

Biwakplatz
⊜ gut

⊘ schlecht

⊚ Hänge-matten- oder Schlingenbiwak

Band

Horizontale Platte

Überhang

Schnee, Firn oder Eis

Felsblöcke, Steine

Schlüssel-stelle

Kamin

Rinne, Couloir

Klemm-block

Vertikale Platte

Verschnei-dung

Dach

Nische

Grotte

Haken

Gebrauch von Führern und Topo

Der Fall, dass man in ein Klettergebiet kommt und gar nichts darüber weiß, dürfte eher die Ausnahme sein. In der Regel hat man einen Kletterführer der entsprechenden Region dabei, denn ohne Anleitung ist es oft unmöglich, viele Klettergebiete überhaupt zu finden.

Im Führer befindet sich eine Vielzahl von Informationen. Neben der Anreise und dem Zustieg sind vor allem die einzelnen Massive und die Kletter-routen beschrieben. In einem neuen Gebiet ist es sinnvoll, erst einmal vorsichtig anzufangen, um den Charakter kennen zu lernen. Wie ist die Absicherung, wie ist das Gestein und vor allem: Wie ist die Bewertung? Sind die Routen eher hart bewertet (sie kommen einem schwerer vor als im Führer beschrieben) oder eher soft?

In einem guten Führer sollten folgende Informationen enthalten sein:
- Höhe des Massivs oder Höhe der Routen
- Schwierigkeit der Routen
- Absicherung der Routen
- Besonderheiten (z.B. sehr kraftig oder gefährlich)
- Verlauf der Routen
- Art der Umlenkung
- Wenn möglich: Wo ist die Crux?
- Sonstige Kommentare (wie beste Tages- oder Jahreszeit, lokale Besonderheiten)
- Zustieg, Parkplätze, Kletterverbote, Einkehr/ Unterkunft.

Alle diese Informationen zu vermitteln, ohne es restlos unübersichtlich werden zu lassen, ist nicht einfach. Daher bedienen sich die (meisten) Führerautoren so genannter Topos. Darin ist das Massiv (der Fels) vereinfacht wiedergegeben, die Routen sind verzeichnet, mit Symbolen werden die wichtigsten Dinge erklärt.

Viele der Symbole sind festgelegt und finden sich in den meisten Führern in derselben Form wieder. So zum Beispiel alle Symbole, die Formen des Fels wiedergeben. Auch die unterschiedlichen Haken haben ihre festen Zeichen. Normalerweise findet sich im Führer aber auch immer eine Legende, in der die Symbole extra erklärt sind.

Welcher Schwierigkeits-Skala sich der Führer bedient, ist nicht festgelegt. Immer mehr benutzen die französische Skala (siehe unten). Normalerweise wird im deutschsprachigen Raum aber die UIAA-Skala verwendet. Eine Ausnahme ist das Elbsandstein, denn dort gibt es historisch bedingt eine eigene Skala.

UIAA	Frankreich	USA	Elbsand-stein
I	1		
II	2		
III	3	5.5	III
IV	4a	5.6	IV
IV+	4b	5.6	V
V-	4c	5.7	
V	4c/5a	5.7	VI
V+	5b	5.8	
VI-	5c	5.8	VIIa
VI	6a	5.9	VIIb
VI+	6a	5.10a	VIIc
VII-	6a+	5.10b	VIIIa
VII	6b/6b+	5.10c	VIIIb
VII+	6b+/6c	5.11a	VIIIc
VIII-	6c+	5.11b	IXa
VIII	7a	5.11c	IXb
VIII+	7a/7b	5.11d	IXc
IX-	7b/7b+	5.12a/b	Xa
IX	7c	5.12c	Xb
IX+	7c/8a	5.13a	Xc
X-	8a	5.13b/c	XIa
X	8a/8b	5.13d	XIb
X+	8b	5.14a/b	
XI-		5.14c	
XI		5.14d	

Vorbereitung aufs Klettern

Jede Klettertour, ob in der Halle oder in der Natur, ob im Vorstieg oder im Nachstieg braucht eine Vorbereitung. Körper und Geist müssen auf Betriebstemperatur gebracht werden.

Neben dem Aufwärmen sind einige Dehnübungen und eine Konzentrationsphase ein wichtiger Bestandteil des Klettertages. Wer das nicht glaubt, sollte es selbst ausprobieren: einmal ankommen und losklettern. Dann beim nächsten Mal ankommen, aufwärmen, dehnen, konzentrieren und dann klettern. Was war besser?

Dehnübungen

Um die Bewegungen runder und effizienter zu gestalten, aber auch um Verletzungen vorzubeugen, sind einige wenige Dehnübungen vor der ersten Klettertour des Tages ratsam.

Allgemeines Aufwärmen

Der Körper muss auf Betriebstemperatur gebracht werden. Daher ist ein kurzer Zustieg (ca. 15 Minuten) optimal als Aufwärmphase. Entfällt der Zustieg (z. B. in der Halle), sollte man sich durch lockeres Hüpfen oder aufwärmen.

Schultern dehnen (nach hinten)

Übung 1: Die Hand eines Armes wird hinter den Kopf geführt. Mit der anderen Hand wir der abgewinkelt Arm nun am Ellbogen so weit wie möglich hinuntergedrückt. (Bild 1)

Übung 2: Sitzposition mit angewinkelten Beinen: Die Hände werden hinter dem Rücken zusammengenommen und mit den Handflächen auf den Boden gesetzt. Nun rückt man mit den Händen soweit wie möglich vom Körper weg nach hinten.

Beine dehnen

Übung 1: Mit gespreizten Beinen dastehen, die Füße zeigen etwa im 45-Grad-Winkel nach vorne außen. Nun bewegt man sich mit dem Becken in Richtung des einen Knies. Unbedingt darauf achten, dass das angewinkelte Knie genau über den Fuß geschoben wird.

Dehnen des Schultergürtels und des Latissimus

Dehnen der Adduktoren und des Hüftbereiches

Übung 2: Aufrechtes Sitzen, Beine angewinkelt, die Fußsohlen werden aneinander gelegt (so genannte Froschstellung der Beine). Die Knie soweit wie möglich nach unten pressen, evtl. mit den Ellbogen nachhelfen (dann umgreifen die Hände die Füße). (Bild 2)

Dehnen der unteren Rückenmuskulatur

oben: Oberer Rücken, Schultern und Trizeps werden so gedehnt.
unten: Unterarme dehnen

Unteren Rücken dehnen

Vierfüßlerstand, Arme lang und gerade nach vorne, Hände flach auf den Boden auflegen. Nun langsam nach hinten auf die Fersen absetzen, Hände »schleifen« hinterher. (Bild 3)

Oberen Rücken dehnen

Liegen auf dem Rücken: Ein Arm wird quer über die Brust gelegt. Mit der anderen Hand den Arm so tief wie möglich auf die Brust pressen. (Bild 4)

Unterarme dehnen

Vierfüßlerstand, Hände mit den Handflächen nach unten flach aufsetzen, die Finger zeigen zu den Knien. Nun langsam mit dem Gesäß nach hinten gehen. (Bild 5)

Finger dehnen

Finger einer Hand einzeln anwinkeln und mit dem Daumen der anderen Hand langsam und vorsichtig so weit wie möglich in Richtung Handinnenfläche dehnen. (Bild 6)

Konzentrationsphase

In der Konzentrationsphase geht es vor allem darum, zur Ruhe zu kommen. Die Hektik der Anfahrt, des Zustieges und der Vorbereitung sollen vor dem Klettern »abgestreift« werden. In Gedanken kann man sich die wichtigsten Techniken noch einmal vor Augen führen, sich überlegen, worauf man achten will. Besonders kann man sich darauf vorbereiten, auch ein paar Meter über dem Haken noch Ruhe zu bewahren, indem man sich vergegenwärtigt, dass ein Sturz hier durchaus nicht gefährlich ist (wenn dem so ist). Kennt man die Route, kann man sie auch im Geiste noch einmal durchgehen.

Vorsichtiges Dehnen der Finger

6

Tipp

Partnercheck

Der Partnercheck sollte für jeden Kletterer zur Selbstverständlichkeit werden. Er wird vor jedem Losklettern vorgenommen. Das dauert nur wenige Sekunden, bringt aber ein hohes Plus an Sicherheit. Geprüft werden:

- **beim Kletterer:**

  der Anseilknoten und der Verschluss des Gurtes

  (ist er zurück geschlauft?)

- **beim Sichernden:**

  die Sicherung (HMS, GriGri etc.), ob das Seilende fixiert ist und der Verschluss des Gurtes (siehe oben)

Klettern im Toprope

Wohl fast jeder Kletterer wird mit dem Toprope-Klettern anfangen oder angefangen haben. Das Topropen ermöglicht ein gefahrloses und sicheres Klettern mit Seilsicherung von oben. Unfälle beim Topropen sind fast immer auf Fehler des Kletternden oder des Sichernden zurückzuführen.

Das Klettern mit Sicherung von oben ermöglicht es zu testen und zu probieren, zu üben und an der Sturzgrenze zu klettern. Es wird jeden Kletterer die ganze Karriere lang begleiten und immer wieder zum Einsatz kommen, wenn man in neue Schwierigkeitsgrade vorstößt.

Ausrüstung

Beim Topropen ist das wenigste Material notwendig, Bouldern einmal ausgenommen. Aber die meisten Teile der Grundausrüstung sollten doch vorhanden sein. Über den Helm kann man sich noch streiten. Aber wie bereits gesagt, sollte man sich vor allem in viel besuchten Klettergärten auf jeden Fall mit einem Helm schützen.

Seil

Es gibt inzwischen extra Seile zum Topropen. Da Topropen das Seil sehr stark beansprucht, weisen diese Seile einen höheren Mantelanteil auf. Dadurch halten sie länger. Ein 60-Meter-Seil ist oft von Vorteil, da dann Routen von fast 30 Meter Länge geklettert werden können.

Gurt

Zum Klettern im Toprope reicht ein Hüftsitzgurt. Der sollte bequem sein und sich je nach Ambitionen verstellen lassen, das heißt er muss auch mit dicker Hose und Jacke noch passen, wenn man ihn auch für Hochtouren, Skitouren usw. verwenden will.

Schuhe

Für den Anfang sind nicht zu enge, etwas steifere Schuhe empfehlenswert. Generell sind Kletterschuhe aber keine Pantoffeln und sie sind auch nicht so bequem wie Hausschuhe. Zu große Kletterschuhe vermitteln nicht das nötige Gefühl zum Fels, der Schuh dreht sich um den Fuß und steht nicht mehr sicher auf kleinen Leisten oder Kanten.

Schraubkarabiner

Es genügen die beiden Schraubkarabiner der Grundausrüstung. Es sei hier nur noch einmal darauf hingewiesen, dass die Selbst- und die Partnersicherung immer mit einem Verschlusskarabiner erfolgen muss.

Sicherungsgerät

Wer sparen möchte, kann anfangs ohne Probleme nur mit der HMS sichern. Sonst ist ein Achter,

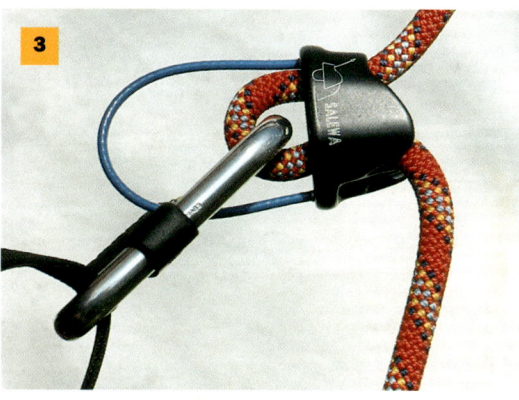

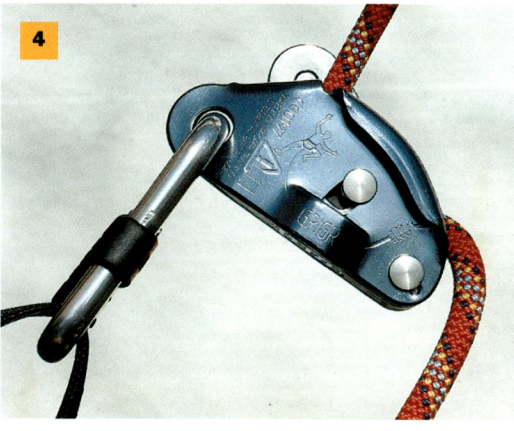

Tube oder eventuell ein GriGri angesagt. Aber mit welchem Gerät auch gesichert wird: Oberste Prämisse ist, dass der Umgang mit dem jeweiligen Gerät ausführlich geübt wird, bevor es im »Ernstfall« zum Einsatz kommt.

Sonstiges
- Chalkbag
- Seilsack
- zwei Expressen
- zwei Bandschlingen
- Funktionelle Bekleidung.

Einrichten des Toprope

Wenn kein erfahrener Kletterer dabei ist, der die gewünschten Routen von unten vorsteigt und das Seil einhängt (das Toprope einrichtet), muss man irgendwie anders zur Umlenkung (Kette, Sauschwanz …) kommen. Frei stehende Türme eignen sich daher für Anfänger kaum, da man hier nicht das Seil von oben in die Umlenkung einhängen kann, indem man um das Massiv herum geht und von der Bergseite einfach auf den Kopf des Massives gelangt.

Aber an Massive, die an einem Hang stehen, kommt man oft von der Rückseite sehr gut ran. Häufig findet man dort eingerichtete Umlenkungen. Das können einbetonierte Ringhaken, Ketten mit Ring oder so genannte Sauschwänze sein. Allerdings ist es oftmals schwierig, die Umlenkung zu erreichen, da sie meist nicht auf dem Felskopf, sondern noch im steilen Teil der Wand angebracht ist. Eine allgemeine Verhaltensregel, wie man die Umlenker erreicht, gibt es nicht. Auf jeden Fall sollte man sich in irgendeiner Form sichern, wenn man sich im Absturzgelände bewegt. Das kann zum Beispiel mittels Bandschlinge, die mit einem Ankerstich am Gurt befestigt wird und einer zweiten Bandschlinge an einem Baum geschehen. Findet man keine eingerichtete Umlenkung, muss man sich nach Alternativen umsehen. Oft bieten

Verschiedene Sicherungsmethoden: HMS (1), Achter (2), Tube (3) oder Grigri (4)

Feine Sache: ein Sauschwanz am Routenende

Bäume eine gute Möglichkeit zur Umlenkung. Dabei wird eine Bandschlinge mittels Ankerstich um den Baum gelegt. Der Baum sollte mindestens armdick, gesund und gut verwurzelt sein. Ist ein dickerer Baum vorhanden, ist es fast immer von Vorteil, die Bandschlinge so hoch wie möglich zu platzieren, da dann das Seil mit weniger Reibung über die Felskante läuft.

Das Seil sollte mittels Verschlusskarabiner an der Umlenkung eingehängt werden. Generell muss man beim Einrichten von Topropes darauf achten, dass die Verankerung 150-prozentig sicher ist. Versagt die Sicherung, ist ein Absturz bis zum Boden (ein so genannter Grounder) unausweichlich.

Ein weiterer wichtiger Aspekt ist, ob es in der Region verboten ist, die Felsköpfe zu betreten. Denn die Umlenker unterhalb der Felsköpfe sind nicht nur für die Kletterer bequem, sie haben auch einen Sinn. Auf den Felsköpfen befindet sich oftmals eine sensible Flora, die durch das Betreten stark beeinträchtigt werden kann. In solch einem Fall bleibt nur die Möglichkeit, das Toprope von einer leichteren Route aus einzuhängen oder andere Kletterer zu bitten, das Seil in eine Route einzuhängen.

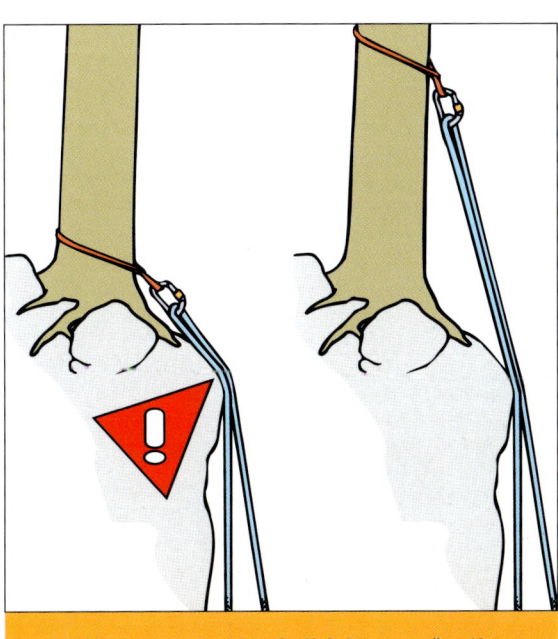

Oft ist es wegen der Seilrichtung günstiger, die Umlenkung hoch zu platzieren.

Einbinden

Das Toprope ist eingerichtet, **beide** Seilenden reichen mit etwas Reserve bis auf den Boden, die Akteure sind bereit. Jetzt muss nur noch eine Verbindung zwischen dem Kletterer und dem Seil sowie dem Sichernden geschaffen werden. Auch wenn es weit verbreitet ist, sich mittels Karabiner in den Hüftgurt einzubinden, sollte man sich lieber von Beginn an direkt ins Seil einbinden. Das ist sicherer und wird später sowieso benötigt. Dazu ist lediglich ein Knoten notwendig, der recht einfach zu lernen ist. Ich favorisiere den doppelten Bulinknoten, aber auch der Achter ist gut geeignet. Der Sackstick ist zwar der einfachste Knoten, hat aber den Nachteil, dass er nach einer Belastung sehr schwer zu öffnen ist. Der doppelte Bulin ist nach jeder Belastung ohne Probleme zu öffnen.

Über die Art und Weise, wo genau man sich im Gurt anseilt, hat es schon heftige Diskussionen gegeben. Am besten ist es, sich exakt an die Anweisungen des Gurtherstellers zu halten. Finden sich am Gurt keine Anweisungen mehr, ist es das Ein-

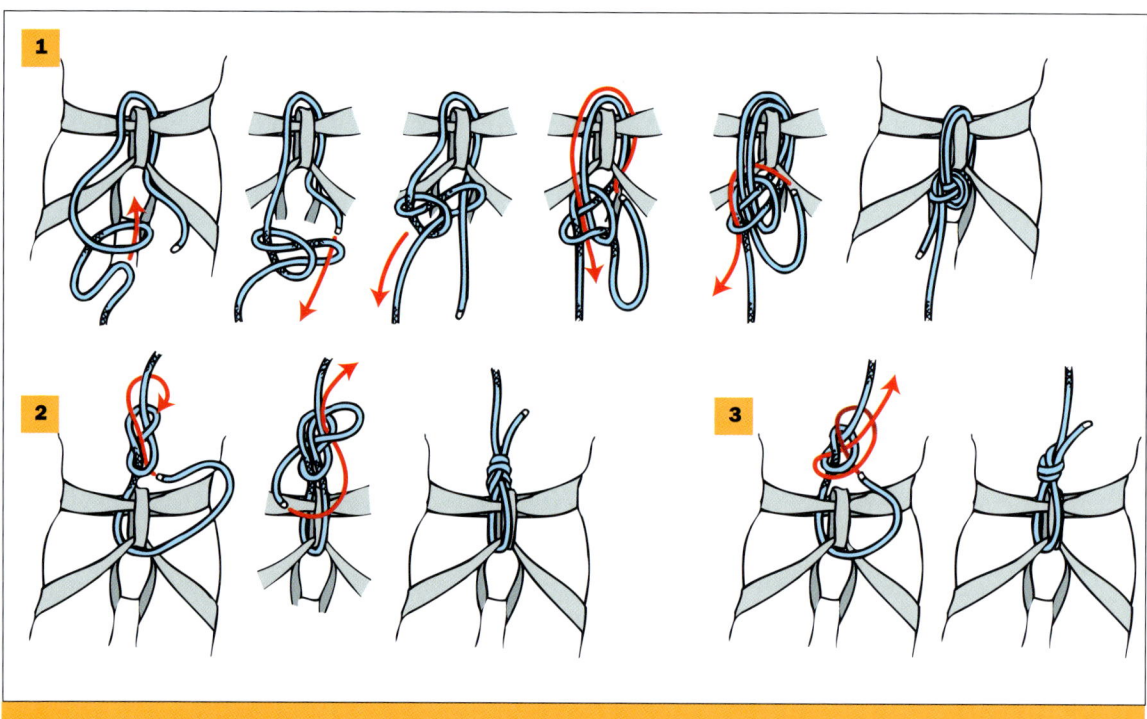

Der doppelte Bulinknoten (1), der Achter (2) und der Sackstich (3)

fachste, sich in die dafür vorgesehene Sicherungsschlaufe einzubinden. Man kann auch die Anseilschlaufe parallel verfolgen, wie es in der Skizze oben dargestellt wird, aber das ist bei einigen Gurten schwierig, da die Ringe an den Beinschlaufen und am Hüftgurt sehr eng sind. Die Sicherungsschlaufe hat genügend Reserven und ist am einfachsten optisch zu kontrollieren. Unabhängig vom Knoten ist wichtig, dass das Seilende mindestens zehn Zentimeter lang ist.

Sichern

Die Sicherung im Toprope ist nicht sehr schwierig. Aber trotzdem ist es eine verantwortungsvolle Aufgabe. Man hat im wahrsten Sinne des Wortes das Leben des anderen in der Hand.

Auch wenn es heute halbautomatische Sicherungsgeräte gibt, die einfachste Art der Sicherung sollte jeder beherrschen und das ist die Halbmastwurfsicherung oder kurz HMS genannt. Sei es, weil das Hightech-Ding zu Hause liegt oder aber weil es nicht funktioniert.

Halbmastwurfsicherung

Die Sicherung mit dem wenigsten Materialbedarf ist die Halbmastwurfsicherung (HMS). Dazu ist lediglich ein birnenförmiger Verschlusskarabiner (Schraubkarabiner) nötig, und den sollte man sowieso immer dabei haben. Und sie ist die universellste aller Sicherungsarten.

Man hat wie bei fast jeder anderen Sicherung auch eine Führungshand und eine Bremshand. Die Führungshand befindet sich am Seil, das zum Kletterer leitet. Die Bremshand befindet sich hinter der Sicherung und darf unter keinen Umständen das Bremsseil loslassen. Das bedarf vor allem beim Umgreifen einiger Routine. Für einen guten

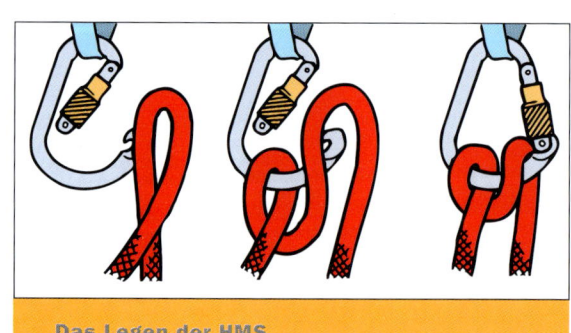

Das Legen der HMS

Ablauf der HMS-Sicherung mit Führungshand und Bremshand

Ablauf der Sicherung muss man darauf achten, dass die HMS nicht verdreht im Karabiner eingehängt ist. Man zieht mit der Führungshand das frei werdende Seil nach unten. Mit der Bremshand zieht man auf der anderen Seite der Sicherung das Seil aus der HMS raus. Nun greift man mit der Führungshand beide Seile oberhalb der Bremshand und rutscht mit der Bremshand am Bremsseil wieder nahe an den Karabiner. Und so weiter. Um hier einen reibungslosen Ablauf der Sicherung zu garantieren, ist viel Übung notwendig.

Ist der Kletterer oben angelangt, lässt ihn der Sichernde kontrolliert und vorsichtig wieder ab. Bei der HMS ist es dabei wichtig, dass man die Seile parallel in den Knoten laufen lässt. Meist sieht man es leider anders, weil es bequemer ist, das Seil von unten in die HMS laufen zu lassen. Aber so bekommt das Seil extrem viele Krangel (Verdrehungen), ein Ablassen ist nach zweimal Topropen kaum mehr möglich.

Abseilachter

Oft haben selbst Kletterneulinge schon einen Abseilachter dabei. Der Abseilachter ist nach wie vor ein interessantes Allroundgerät. Man kann damit hervorragend sichern, gerade im Toprope. Allerdings sind etwas höhere Haltekräfte nötig als bei der HMS. Das Einlegen des Seils in den Achter ist nicht schwer. Das Seil wird als Schlaufe durch die

große Öse des Achters gesteckt und diese Schlaufe wird dann über den kleinen Ring des Achters gelegt. Die kleine Öse wird nun in den Schraubkarabiner am Sicherungsring des Klettergurtes eingehängt.

Die Bedienung des Achters ist etwas leichter als die der HMS. Zum Einnehmen zieht man das Seil mit der Führungshand runter. Die Bremshand, die sich in der Grundposition mit dem Seil unter dem Achter befindet (zusätzlicher Knick des Seils mit entsprechender Bremswirkung, siehe Bild 2, S. 30),

Das Einlegen des Seils in den Achter

zieht das frei werdende Seil nach oben aus dem Achter raus. Ohne diesen zusätzlichen Knick nach unten kann man das Seil problemlos aus dem Achter ziehen. Dann nimmt man die Bremshand wieder nach unten und rutscht mit der Hand am Seil nach oben in Richtung Achter.

Das Sichern und Ablassen mit dem Achter ist wesentlich seilschonender, weil nicht wie bei der HMS Seil auf Seil reibt, sondern nur Seil auf Metall.

Beim Achter besteht mehr als bei anderen Sicherungen die Gefahr, dass sich der Karabiner in der Sicherungsschlaufe quer legt. Das kann im ungünstigsten Fall einen Bruch bzw. ein Öffnen des Verschlusskarabiners zur Folge haben. Deshalb sollte der Achter am Karabiner oder der Karabiner am Gurt irgendwie fixiert werden.

Dazu gibt es mehrere Möglichkeiten. Entweder man kauft sich einen Achter, der in der kleinen Öse einen Gummi hat, der den Achter im Karabiner fixiert. Oder aber man fixiert den Achter mit einem kurzen festen Gummiring (abgeschnittener Fahrradschlauch) am Karabiner. Ist beides nicht zur Hand, kann man auch den Karabiner parallel zur Sicherungsschlaufe des Gurtes einhängen.

Eine sehr gute Methode ist die Verwendung des BelayMaster der Firma DMM (siehe Bilder Seite 33 unten). Der Karabiner hat eine Plastiklasche, die in zugeklappter Position den Karabiner in zwei Hälften teilt. In der einen Hälfte ist der Karabiner am Gurt befestigt, in der anderen hängt der Achter. Somit ist einer Querbelastung effektiv vorgebeugt. Die Vorteile dieses Karabiners kommen übrigens bei Verwendung der HMS genauso gut zum Tragen.

Mit etwas Übung lässt sich der Achter auch gut blockieren. Das ist für Fälle, in denen der Kletterer länger an einer Stelle hängt, sehr angenehm. Allerdings muss die Bremshand dann das Seil weiterhin umschließen.

GriGri

Seit einigen Jahren ist das GriGri (siehe S. 30 Bild 4) von Petzl auf dem Markt und es hat sich sehr schnell verbreitet. Es ist ein halbautomatisches Sicherungsgerät, das eine so genannte passive Sicherung erlaubt. Das heißt, dass der Sichernde beim Sturz des Kletterers nicht aktiv bremsen muss. Das Gerät blockiert automatisch. Das GriGri ist bei der Verwendung im Toprope sehr komfortabel. Wenn der Kletterer eine Pause macht und sich ins Seil gesetzt hat, braucht der Sichernde das Seil nicht mehr krampfhaft zu umkrallen. Mittels eines Hebels, der die Blockierung löst, kann der Kletterer abgelassen werden.

Aber es hat auch schon etliche Unfälle mit dem Gerät gegeben. Viele Anwender des GriGri setzen den Blockiermechanismus mit einer Hand außer Kraft, um beim Vorstieg komfortabel Seil ausgeben zu können. Bei einem Sturz wird das GriGri dann nicht losgelassen, sondern durch einen Greifreflex eher noch fester gehalten. Das GriGri kann dann aber nicht blockieren.

Beim Ablassen ist es ähnlich. Je weiter man den Hebel zieht, desto schneller geht die Abseilfahrt. Zum stoppen muss man den Hebel loslassen. Es ist aber inzwischen zu mehreren Unfällen gekommen, weil der Sichernde im Reflex nicht losgelassen, sondern noch fester zugepackt hat.

Als zusätzliche Fehlerquelle ist es auch noch möglich, das Seil falsch herum ins Gerät einzulegen. Allerdings lässt sich das recht schnell durch eine kurze Kontrolle feststellen und beheben.

Wer das GriGri benutzt, sollte die Bedienung vorher gründlich üben. Dann ist es für den Bereich des Nachsicherns und Topropens ein komfortables Gerät.

Sonstige Sicherungsgeräte

Es gibt noch zahlreiche andere Geräte auf dem Markt. Fast jedes hat seine spezifischen Vor- und Nachteile. Am meisten verbreitet ist noch das ATC (Tube, siehe S. 30 Bild 3). Es ist ein Gerät, das von der Bedienung her sehr einfach ist und vor allem für den Sportkletterbereich Sinn macht. Es bedarf allerdings sehr hoher Haltekräfte und ist für Klet-

terpartner mit großem Gewichtsunterschied nicht empfehlenswert. Für den Bereich des Toprope ist eventuell noch das TRE ganz interessant. Ähnlich wie das GriGri blockiert es automatisch. Ein weiteres gutes Allroundgerät ist das Reverso von Petzl. Bei all diesen Sicherungsgeräten ist es jedoch unbedingt erforderlich, sich mit der Funktionsweise intensiv zu befassen, bevor sie am Felsen zum Einsatz kommen.

Seilkommandos

Zur Verständigung sind eindeutige Seilkommandos sehr wichtig. Beim Klettern im Toprope gibt es nur einige wenige Kommandos, die man beachten muss. Ist der Kletterer an der Umlenkung angelangt, sollte er auf jeden Fall prüfen, ob sein Seilpartner ihn auch noch in der Sicherung hat und nicht etwa aus irgendeinem Grund nicht mehr sichert oder unaufmerksam ist. Bevor man sich ins

Seil setzt, sollte man deshalb mit dem Kommando »zu« sichergehen, dass der Sichernde auch seiner Funktion nachkommt und sich erst ins Seil setzt, wenn man Zug auf dem Seil spürt. Auf das Kommando »ab« lässt der Sichernde den Kletterer dann runter. Ist man im Klettergarten oder in der Halle unterwegs, wo sich mehrere Kletterer rumtreiben, sollte man sich angewöhnen, immer den Namen zu den Kommandos zu sagen, da es sonst schnell zu schwerwiegenden Verwechslungen kommen kann. In den weiteren Kapiteln wird deutlich, dass hier sehr schnell Missverständnisse auftreten können, die fatale Folgen nach sich ziehen. Ruht sich der Kletterer an einer Stelle aus, sollte er dem Sichernden ansagen, wenn er weiter klettert. Sonst kann es sein, dass der Sichernde unkontrolliert nach hinten fällt, wenn sich der Kletterer weiter nach oben bewegt. Mehr Kommandos sind in der Regel beim Toprope nicht nötig.

Grundtechniken beim Klettern

Den ersten Kontakt zum Fels sollte man frei von irgendwelchen Techniken, Philosophien oder sonstigem theoretischen Kram gestalten. Einfach spüren, wie sich der Fels anfühlt, ist häufig schon ein (kleines) Erlebnis. Wie ist der Fels strukturiert, was bieten sich für Tritt- und Griffmöglichkeiten, ist die Oberfläche rau oder eher glatt, wie kann man sich überhaupt bewegen?

Klettern ist ein Spiel mit dem Gleichgewicht und der Schwerkraft. Wobei – und das wird sich jedem, der mit dem Klettern beginnt, sehr schnell erschließen – der Begriff Gleichgewicht hier eine ganz neue Bedeutung erlangt. Man ist ständig bemüht, sein Gleichgewicht bzw. eine stabile Position zu finden. Für den Moment des Vorwärtsbewegens scheint das oft schwierig. Aber gerade in den unteren Schwierigkeitsgraden sollte immer versucht werden, sich ruhig und kontrolliert und nicht hektisch und unkontrolliert zu bewegen. In diesem Schwierigkeitsbereich ist nur selten Kraftmangel der Grund des Scheiterns. Mit etwas Raffinesse und Geschick (Technik) lassen sich Kletterstellen meist auch wesentlich effizienter lösen.

Dies ist eine der Grundregeln beim Klettern, die von Anfang an beachtet werden sollten. Umso leichter tut man sich später, wenn eine gute Technik zur Bewältigung einer Route unabdingbar ist.

Körperschwerpunkt und Trittfläche

Der Körperschwerpunkt beim Menschen befindet sich im Stehen im Bauchraum in Höhe des Bauchnabels, kurz vor der Wirbelsäule. Nur leider bleibt er da nicht. Bei jeder Bewegung ändert der Körperschwerpunkt seine Lage. Da wir uns beim Klettern häufig mehr oder weniger aufrecht bewegen, gehen wir in den meisten Fällen einmal davon aus, dass sich der KSP irgendwo oberhalb des Beckens befindet.

Beim Kraft sparenden und sicheren Klettern ist es wichtig, dass sich der KSP immer über der Tritt-

Dreipunktregel: drei Punkte sind am Fels, nur einer wird fortbewegt

fläche befindet. Wenn beide Beine gleichmäßig
belastet werden, ist die Trittfläche der Raum zwischen dem linken und dem rechten Fuß. Wird ein
Fuß angehoben, ist die Trittfläche nur mehr der
Bereich, in dem der eine Schuh am Fels aufsteht.
Jegliche Positionierung des KSP außerhalb der
Trittflächen muss mit den Armen kompensiert werden. Das merkt man am besten in überhängenden
Routen. Da ist es oftmals schwierig, den KSP über
die Trittflächen zu bringen, es muss mehr Kraft
eingesetzt werden.

Hub aus den Beinen und unbelastet treten

Der Hub beim Klettern, also der Impuls nach
oben, sollte möglichst immer aus den Beinen erfolgen. Die Arme dienen lediglich zur Stabilisierung
des Oberkörpers, manchmal unterstützen sie die
Beine etwas.

Damit man den Körper auch effizient mit den Beinen anheben kann, sind zwei Voraussetzungen
nötig: Der Körperschwerpunkt muss sich über dem
Standbein befinden und der Tritt darf nicht zu groß
(hoch) sein. Steht man in etwa schulterbreit, muss
das Becken über das Bein bewegt werden, das als
Standbein dienen soll. Dadurch ist es dann möglich, das andere Bein anzuheben, ohne sogleich

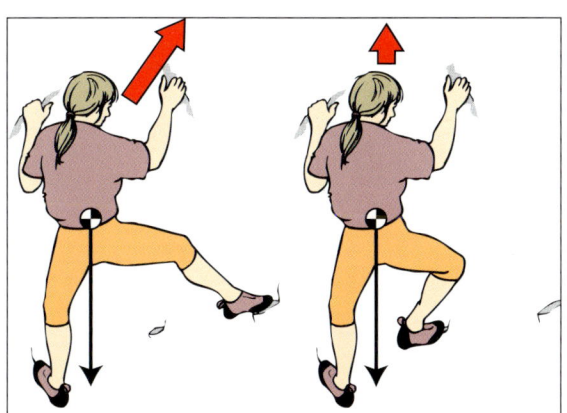

Für die Fortbewegung ist es am günstigsten, einen Tritt möglichst im Lot unter dem
KSP zu wählen.

wieder einen Tritt fassen zu müssen. Dieser Vorgang nennt sich unbelastet treten.

Eine einfache Übung verdeutlicht die Wichtigkeit:
Steht man auf dem Boden, die Beine schulterbreit
auseinander, und will ein Bein anheben, schiebt
man ebenso wie beim Klettern das Becken über
das Standbein. Jetzt kann der freie Fuß langsam
und kontrolliert angehoben und genau dort platziert werden, wo man ihn haben möchte. Hat man
den Körperschwerpunkt nicht verlagert, muss man
schnell wieder einen Tritt fassen. Das geschieht
meist hektisch und unkontrolliert.

Befindet sich das Standbein zu weit weg von der
Körperachse, sollte man versuchen einen Tritt zu
finden, der möglichst in Falllinie unter dem Körperschwerpunkt liegt. Umso leichter fällt es dann, den
Körper anzuheben und man spart sich Kraft. Liegt
der Tritt weiter außen, wird wieder mit den Armen
kompensiert. Das kostet Kraft.

Auge – Fuß

Direkt einher mit dem unbelasteten Treten geht die
Koordination zwischen Auge und Fuß. Häufig beobachtet man bei Anfängern, dass sie sich den
Tritt ausgucken, den sie als nächsten benutzen
möchten, dann den Fuß heben, gleichzeitig aber

schon wieder hoch schauen. Dann setzen sie den Fuß irgendwo auf einen Tritt, wissen aber nicht, ob es auch der Tritt ist, den sie anvisiert haben. Deshalb lautet eine Grundregel: Mit dem Auge so lange den Fuß verfolgen, bis er wirklich auf dem Tritt ist, wo er hin soll, und zwar genau platziert. Nur so weiß man, dass der Fuß gut steht und kann so entsprechendes Vertrauen in die Füße haben. Denn Vertrauen in die gut platzierten Füße ist der Schlüssel zu einem Kraft sparenden Klettern mit guter Fußtechnik.

Dreipunktregel

Bei dem ganzen Geschehen sollte man die so genannte Dreipunktregel einhalten. Das heißt, dass sich immer drei der vier Haltepunkte (zwei Hände und zwei Füße) am Fels befinden sollten. So ist ein kontrolliertes und sicheres Höhersteigen gewährleistet. Diese Dreipunktregel verschwimmt zwar bei hohen Schwierigkeitsgraden immer mehr, sollte aber im Bereich der geneigten und senk-

rechten Routen so lange wie möglich aufrechterhalten werden.

Weich greifen

Beobachtet man Kletterneulinge, kehren sie oft nach wenigen Metern um und sagen: »Jetzt hab ich aber dicke Arme.« Das hat meist zweierlei Gründe: Zum einen heben sie den Körper nicht mit den Beinen an, sondern machen mehr oder weniger Klimmzüge (siehe oben). Zum anderen klammern sie jeden Griff, der ihnen in die Finger kommt, so fest wie möglich. Das ist aber nicht nötig und führt nur schnell zu dicken Armen. Man sollte immer versuchen, die Griffe nur so fest zu halten, wie es unbedingt notwendig ist. Man wird sehr schnell ein Gefühl dafür entwickeln, wie fest man zugreifen muss. Und wie wir inzwischen wissen, sollte mit den Armen der Oberkörper nur stabilisiert werden. Die Arme dienen nicht (oder nur kaum) dem Höhengewinn. Wenn man das »weich Greifen« konsequent durchführt, ist die Kraftersparnis immens.

Zwischensicherungen

Aushängen der Zwischensicherungen

Nur selten verlaufen die Touren ganz senkrecht zwischen Kletterer und Umlenkung. Dann ist es

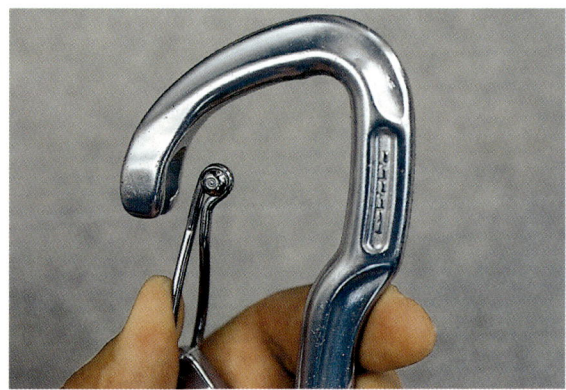

oben: Karabiner ohne Nase
links: Nicht immer einfach: Aushängen der Zwischensicherung im Toprope

Einhängen der Zwischensicherungen für nachfolgende Kletterer

meist sinnvoll, schon beim Einrichten des Toprope (zum Beispiel beim Abseilen über die Route) einige Haken zu klinken, um den Routenverlauf vorzugeben und die Gefahr des Pendelns (siehe Gefahren) zu reduzieren.

Steht das Seil beim Hinaufklettern unter Spannung (weil man im Seil sitzt oder recht starken Zug vom Sichernden hat), kann es mitunter schwierig sein, die Zwischensicherungen auszuhängen. Je nachdem wie herum die Expresse geklinkt ist, kann es einfacher sein, den Karabiner aus dem Haken auszuhängen, oder aber das Seil aus dem Karabiner. Einfacher auszuklinken sind Karabiner, die keine Nase haben. Bekommt man das Seil gar nicht frei, kann es je nach Haken das Beste sein, sich selbst mittels einer Expresse im Haken zu sichern und das Seil dann ohne Zug auszuhängen. Wenn kein anderer Kletterer die Route klettern will, ist es am besten, die Expressen gleich mitzunehmen. Ansonsten belässt man sie und klinkt das Seil beim Herunterkommen wieder ein.

Es kommt auch vor, dass der Akteur im Eifer des Gefechts vergisst, eine Expresse auszuklinken. Ein aufmerksamer Sichernder wird ihn aber darauf hinweisen.

Einhängen der Zwischensicherungen

Bei schräg verlaufenden Routen sollte das Seil für nachfolgende Kletterer wieder in die Zwischensicherung eingehängt werden. Das kann mitunter anstrengender sein als das Klettern selbst. Befinden sich die Haken weit außerhalb der Falllinie, ist es am einfachsten, an der Umlenkung eine Expressschlinge in das Seil zu klinken, das vom Sichernden kommt und sich den anderen Karabiner in die Anseilschlaufe am Gurt zu klinken. Steht der Sichernde so, dass der Kletterer den Seilstrang, der vom Sichernden kommt greifen kann, kann sich der Kletterer daran gut zu den Haken hinziehen und die Zwischensicherungen wieder einhängen.

Vorbereitung auf den Vorstieg

Irgendwann ist die Zeit gekommen, dass man sich darüber Gedanken macht, den Hafen des sicheren Topropes zu verlassen und vorzusteigen.

Eine erste Übung kann es sein, im Toprope gesichert zu werden, aber gleichzeitig in ein zweites Seil eingebunden zu sein und dieses Seil in die Zwischensicherungen einzuhängen. So gewöhnt man sich an den Ablauf beim Vorsteigen und an das Klinken der Expressen. Zusätzlich macht es durchaus Sinn, das Klinken der Expressen am Boden zu üben. Viele Klettereinsteiger (oder Vorsteiger-Neulinge) haben mit dem Klinken so ihre Probleme.

Will man nun ohne Netz und doppelten Boden (Toprope) vorsteigen, sollte die Absicherung tadellos sein. Ist das im heimischen Klettergebiet nicht der Fall, muss man nach alternativen Sicherungsmöglichkeiten suchen. Im Kalk bietet sich häufig die Möglichkeit, Klemmkeile zu legen. Die kann man im Toprope gesichert anbringen (siehe Kapitel Legen von Klemmkeilen) und dann im Vorstieg wie die vorhandenen Haken benutzen.

Tipp

Da das Topropeklettern vermeintlich keine Gefahren birgt (der Kletterer kann nicht stürzen), wird hier
häufig sehr unaufmerksam gesichert. Viele Unfälle passieren un-
nötigerweise beim Klettern im Toprope. Auch hier sollte man sich
eine gewissenhafte und zuverläs-
sige Sicherung angewöhnen und
nicht schludrig arbeiten. Ist der
Sichernde abgelenkt, muss der
Kletterer ihn darauf aufmerksam
machen (wenn es ihm auffällt).
Gerade in vollen Hallen, in denen
viel im Toprope geklettert wird,
sollten sich Kletterer und
Sichernder außerdem zweifelsfrei
und eindeutig miteinander verständigen (siehe Seilkommandos
Seite 35).

Entschärfung: Die Verlängerung von Haken
zur Verkürzung der Hakenabstände

Eine andere einfache und auch sichere Methode
ist die Verlängerung von Haken. Hängt man in
einen vorhandenen Bohrhaken eine lange Schlinge
(120 Zentimeter) mit einer Expresse, hat man eine
solide Sicherung mehr, etwa 150 Zentimeter unter
dem oberen Haken. Dieser wird dann natürlich
auch ganz normal benutzt. Macht man das überall
da, wo die Hakenabstände weiter sind als einem
lieb ist, kann man die Route recht gut absichern.
Natürlich kann auch eine noch längere Schlinge
eingehängt werden.
Befinden sich gar keine oder nur wenige Haken in
der Route, kann von oben ein Seil fixiert werden, in
das alle Meter eine Schlaufe gemacht wird (Sack-

stichschlaufe). In diese Schlaufen werden dann die Expressen gehängt. Dabei sollte man aber die Seildehnung bedenken. So vorbereitet ist der Vorstieg kein Problem mehr.

Gefahren und typische Fehler

Wie eingangs erwähnt, ist das Topropen eine recht sichere Angelegenheit. Allerdings passieren auch hier immer wieder Unfälle. Diese sind aber fast ausschließlich auf menschliche Fehler zurückzuführen und nicht auf Materialversagen. Die gängigsten Fehler sind:

Seil zu kurz

Es werden Routen im Toprope geklettert, die höher sind als das halbe Seil lang ist (mehr als 25 bis 30 Meter). Das passiert besonders gerne an Felsen, die an einem Hang stehen. Ein Toprope wird eingerichtet. Für die erste Tour ist es noch in Ordnung, dann geht der Sichernde den Hang weiter hinunter, der Kletterer steigt oben ein. Beim Ablassen kommt der Kletterer dann direkt auf den Sichernden zu. Fünf Meter über dem Boden gleitet dem Sichernden das Seilende durch die Hand und der Kletternde stürzt den Rest der Strecke (siehe Skizze).

Vorbeugung:
Nicht mit freiem Seilende sichern! Das Seilende wird entweder fix in eine Schlaufe des Seilsacks eingebunden oder aber – die beste Methode – der Sichernde bindet sich direkt ins Seil ein. So kann das Seilende nie durch die Sicherung rutschen.

Umlenkung in der Bandschlinge

Ein Toprope wird eingerichtet und es wird direkt in der Bandschlinge und nicht via Karabiner umgelenkt. Beim Klettern funktioniert noch alles ganz gut, weil kaum Reibung auf die Bandschlinge kommt. Beim Ablassen ist die Schlinge dann aber schon nach wenigen Metern durchgebrannt. Der Kletterer stürzt bis zum Wandfuß.

Sturz des Abzulassenden bei zu kurzem Seil

Vorbeugung:
Immer einen Verschlusskarabiner als Umlenkung benutzen!

Falsche Sicherung

Der Sichernde hat die Sicherung falsch eingehängt, sei es das GriGri falsch eingefädelt, sei es ein falscher HMS-Knoten gelegt oder oder oder … Entweder bei einem Sturz des Kletternden oder spätestens beim Ablassen kann der Sichernde den Kletterer nicht halten und dieser stürzt (nur leicht gebremst) bis zum Boden.

Vorbeugung:
Partnercheck! Vor dem Losklettern checken sich die Partner gegenseitig: Ist der Anseilknoten richtig, ist die Sicherung richtig eingelegt, sind die Seilenden fixiert?

Sturz kurz über dem Einstieg mit Grounder

Ist die Toprope-Route sehr lang (z. B. 25 Meter), sind unter Umständen 50 Meter Seil (oder mehr) ausgegeben (vom Sichernden zur Umlenkung und zurück zum Kletterer). Da das Seil ziemlich dynamisch (elastisch) ist, dehnt es sich recht stark. Wenn der Kletterer drei Meter über dem Einstieg stürzt und der Sichernde etwas nachlässig sichert, stürzt der Kletterer bis zum Boden – trotz Seil. Da er aber damit rechnet, im Seil zu landen, stellt er sich nicht auf einen Grounder ein. Außerdem ist das Gelände am Einstieg häufig nicht eben (Wurzeln, Steine). Ein Fuß ist da schnell gebrochen oder ein Band gerissen.

Vorbeugung:
Gerade die ersten Meter sehr stramm sichern, auch wenn es vielleicht unangenehm ist!

Totalabsturz des Kletterers

Der Kletterer klettert los und stürzt irgendwo. Plötzlich schießt er ungebremst nach unten. Der Anseilknoten war nicht richtig geknüpft. Auch wenn es merkwürdig klingt, das ist schon häufig passiert, selbst Weltcupkletterern.
Ein zweite Möglichkeit ist, dass der Gurt nicht richtig geschlossen war. Auch dadurch hat es bereits tödliche Unfälle gegeben.

Vorbeugung:
Beim Einbinden konzentrieren, Partnercheck

machen (siehe oben), Gebrauchsanweisung vom Gurt gründlich lesen.

Pendeln

Besonders an überhängenden Routen und in Kletterhallen ist das Pendeln ein Problem. Das Seil verläuft ohne Zwischensicherung vom Kletterer bis zur Umlenkung. Bei senkrechten Routen ist das kein Problem, aber bei einem Überhang (oder Routen weit außerhalb des Sicherungspunktes) pendelt der Kletterer beim Sturz aus der Route. Ist die Bahn frei, kann das mitunter Spaß machen.

Vorsicht: Beim Pendeln kann es zu üblen Zusammenstößen kommen.

Befinden sich aber Hindernisse im Weg (Bäume, andere Kletterer), kann es zu bösen Karambolagen kommen.

Vorbeugung:
Das Seil muss in diesen Fällen zwischendurch immer wieder mit Expressen in Haken geklinkt werden. So verkürzt sich die Pendellänge!

Angeseilter Sturz bis zum Boden

Der Kletterer erreicht die Umlenkung, einen Sauschwanz oder andere spezielle Hakenkonstruktionen (siehe Kapitel Einrichten des Topropes). Er klettert noch ein bisschen höher, sodass sich der Anseilpunkt (also die Hüfte) über dem Haken

befindet. Steht der Kletterer jetzt noch leicht diagonal über dem Haken, kann sich das Seil aushängen, wenn der Kletterer sich »reinsetzt«. Ein ungebremster Sturz bis zum Boden ist die Folge.

Vorbeugung:
Nie über die Umlenkung klettern! Auch bei diesen Haken (IQ, Sauschwanz) einen Schraubkarabiner benutzen, um das Seil umzulenken. Und am Seil, das zum Sichernden läuft, kann man den obersten Haken immer geklinkt lassen, auch so kann man eine Redundanz schaffen.

USA einmal anders: in der Ostwand des Mount Whitney

Der Vorstieg

Richtig klettern heißt vorsteigen. Wie wir bei den unterschiedlichen Begehungsstilen ja schon erfahren haben, gilt eine Route offiziell erst dann als begangen, wenn sie im Vorstieg geklettert wurde. Wenn man nicht immer auf andere, bessere Kletterer angewiesen sein will, ist der Vorstieg daher irgendwann unumgänglich. Denn nicht überall lassen sich die Umlenkhaken auf leichteren Routen oder von oben erreichen.

Dass der Vorstieg mehr Gefahren birgt als das Topropen, wird alleine schon durch den Sprachgebrauch deutlich. Gerne spricht man beim Vorsteigen auch vom »scharfen« Ende des Seils. Es werden weitaus mehr Fähigkeiten verlangt als beim Topropen. Das ist aber nicht nur auf den reinen Schwierigkeitsgrad bezogen, sondern vielfältiger gemeint. Man muss Routen einschätzen, Gefahren abwägen, Kletterstellen selbst absichern und auch stürzen können.

Ausrüstung

Wer vorsteigt, braucht einiges mehr an Ausrüstung. Die Ausrüstung vom Toprope ist vorhanden und sei hier noch einmal kurz aufgelistet:

- Seil
- Gurt
- Schuhe
- zwei Schraubkarabiner
- zwei Expressen
- zwei Bandschlingen
- Seilsack
- Chalkbag
- sowie geeignete Kletterbekleidung.

Zusätzlich braucht man:

Expressschlingen

Zu den zwei Expressen der Grundausstattung braucht man ca. acht weitere Expressen. Dabei sollte man darauf achten, dass jeweils ein Karabiner der Expressschlinge (der untere, in den das Seil eingeklinkt wird) einen so genannten Wire Gate hat, also einen Drahtschnapper. Diese Karabiner sind sicherer, auch wenn sie auf Anhieb etwas windig aussehen. Ein kurzzeitiges Öffnen bei einem Sturz (Wip-lash) kommt bei den Wire-Gates nicht vor. Auch sollten die Karabiner eine Schnapper-offen-Bruchlast von 10 kN haben. Zwar sind laut Norm nur 7 kN vorgeschrieben, die können bei einem harten Sturz aber durchaus auftreten.

Gut ist auch, wenn der untere Karabiner an der Expressschlinge in seiner Position fixiert ist, sei es durch einen Gummi oder durch andere Mechanismen (siehe Bild S. 19). Dann kann er sich nicht verdrehen und lässt sich zudem besser clippen. Die Schlingen sollten unterschiedlich lang sein, bewährt haben sich Schlingen zwischen 8 und 20 Zentimeter Länge.

Schraubkarabiner und Bandschlingen

Zusätzlich zu der Grundausstattung an Bandschlingen und Schraub- beziehungsweise Verschlusskarabinern sollte man sich zusätzlich noch einen Schraubkarabiner und zwei Bandschlingen zulegen. Bei Bandschlingen haben sich Schlingen in 120 Zentimeter Länge bewährt, die passen doppelt genommen hervorragend über die Schulter ohne zu stören.

Klemmkeile

Eine Grundausstattung an Klemmkeilen ist oft unumgänglich. Das gilt für viele deutsche Klettergebiete gerade im Bereich der gemäßigten Schwierigkeitsgrade, die häufig nicht so gut abgesichert sind wie die schweren Routen. Mit einem Minisatz von fünf Klemmkeilen in verschiedenen Größen (Nr. 1 bis 8) kann man einiges anfangen, ohne das Budget allzu sehr zu belasten.

Helm

Wer bisher keinen Helm sein Eigen nannte, sollte sich spätestens jetzt einen zulegen. Im Vorstieg einen Stein auf den Kopf zu bekommen hat zu dem lädierten Haupt noch einen Sturz zur Folge. Lieber einmal mehr aufsetzen als einmal zu wenig. Außerdem ist es bei Stürzen beruhigend, einen Helm auf seinem Kopf zu wissen.

Gebrauchte Helme sind eher mit Vorsicht zu genießen. Auch sehr alte Helme (aus Papas Bestand) gehören vielleicht als Schmuckstück an die Wand, aber nicht als Schutz auf den Kopf.
Ein guter Helm sollte auf die individuelle Kopfform anpassbar sein und bei schnellem Hin- und Herschütteln nicht wackeln. Dass keine Druckstellen auftreten dürfen (die schnell zu Kopfschmerzen führen), ist selbstverständlich.

Was ist anders als beim Toprope?

Der Vorstieg ist von der klettertechnischen Seite her auf den ersten Blick kaum anders als der Nachstieg. Allerdings ist beim Vorstieg häufig der »Kopf im Weg«. Die Angst zu stürzen ist meist ungleich höher als im Toprope, wo man stramm gesichert kaum den Unterschied zwischen hängen und klettern merkt. Der Vorstieg sollte deswegen zu Beginn in Routen stattfinden, deren Schwierigkeit deutlich unter dem eigenen Niveau liegt. Ebenso ist es am Anfang förderlich (und sinnvoll), Routen auszuwählen, die gut abgesichert sind. Die Sturzhöhe steigt mit jedem Meter über der Zwischensicherung um mehr als zwei Meter an. Häufig ist diese Angst sicherlich unbegründet. Aber der Mensch hat nun mal ein Problem damit, 15 Meter über dem Boden alles loszulassen, was einen Sturz verhindert. Doch diese Angst kann man auch ganz bewusst abbauen. Man sollte vor allem am Anfang nur mit verlässlichen Partnern unterwegs sein und sich nicht von irgendjemandem sichern lassen, von dem man nie hundertprozentig weiß, ob derjenige weiß, was er tut. Das ist für die Vorstiegsmoral nicht sehr förderlich.
Auch Spiele wie Seilschaukeln oder Seilrutschen (Flying Fox) können die Moral stärken, weil man Vertrauen ins Material bekommt. Irgendwann kommen dann auch Sturzübungen hinzu, aber dazu später mehr.
Neben diesen Kopfaspekten muss man die Route in Bezug auf die persönliche Kletterleistung ein-

Ratsam: Wire-Gate-Karabiner

schätzen können. Es gilt, die Sicherung abzuwägen und gegebenenfalls weitere andere Sicherungsmittel einzusetzen. Man muss die Route finden (hier können wenige Zentimeter weiter rechts oder links entscheidend sein) und man muss schließlich und endlich auch noch die Expressen und das Seil einhängen. In der Summe dann doch ein deutlicher Unterschied zum Toprope.

Auswahl der Route

Man hat einen Kletterführer zur Hand, das Massiv ist ausgesucht, nun muss die ausgewählte Route gefunden werden. Und nicht alle Führer sind so gut gemacht, dass die Identifizierung der Route eindeutig ist. Wenn am Fels die Routennamen angeschrieben sind, ist es einfach. Aber das ist eher die Ausnahme. Daher muss man immer sorgfältig Topo und Natur vergleichen. Auch sollte man schauen, ob der angegebene Schwierigkeitsgrad auf die Route zutreffen kann. Dass das Einsteigen in eine falsche Route fatale Folgen haben kann, wenn diese erst viel weiter oben schwer wird, ist leicht auszumalen.

Dann gilt es, sich Gedanken über die Absicherung zu machen. Ist die Absicherung im Führer erwähnt? Wenn ja, ist sie noch so, wie im Führer angegeben oder besser (saniert) oder vielleicht auch schlechter? Kann man von unten zweifelsfrei die gesamte Route und damit die Absicherung einsehen oder gibt es Lücken? Was könnte an zusätzlichen Sicherungsmitteln (Schlingen, Keile) notwendig sein?

Vielleicht sieht man sogar, wie die Umlenkung eingerichtet ist. Oft ist es nötig, einen zusätzlichen Schraubkarabiner dabei zu haben.

Wenn diese Fragen alle geklärt sind, bleibt noch die Routenlänge. Wird das Seil reichen, damit

mich mein Partner ablassen kann? Eine Vielzahl an Punkten, die es zu beachten gilt, bevor man lossteigt.

Seilkommandos

Schon vor dem Losklettern sollten sich die beiden Partner über die Seilkommandos einig sein. »Zu« oder »mach zu« ist das gängige Kommando für das Blockieren des Seils. Als Beispiel: Der Kletterer befindet sich unmittelbar an einem Haken und will rasten. Der Sichernde nimmt so viel Seil wie möglich ein und setzt sich selbst in den Gurt (so bleibt der Kletterer an der Stelle, an der er sich befindet und hängt nicht aufgrund der Seildehnung einen Meter tiefer).

Wenn der Kletterer (zum Klinken einer Zwischensicherung) Seil haben möchte und er das nicht schnell genug bekommt, weil der Sichernde nicht vorausschauend gesichert hat, ist das gängige Kommando: »Seil«. Von der Lautstärke und dem Ton kann man auf die Anspannung des Kletterers schließen.

Ist die Umlenkung erreicht, erfolgt in der Regel wieder ein »zu«. Hierbei wartet der Kletterer, bis er Zug von unten spürt. Das ist die Gewissheit für ihn, dass ihn der Sichernde auch verstanden hat. Nun setzt er sich ins Seil und sagt »ab«. Insbesondere in (vollen) Kletterhallen ist es oft angebracht, zu dem Kommando den Namen dazu zu sagen, um Verwechslungen zu vermeiden.

Sicherung

Einbinden

Auch wenn wir in diesem Buch davon abraten, sind beim Klettern im Toprope doch noch viele mit Karabiner eingebunden. Ist das im Toprope vielleicht noch akzeptabel, ist damit spätestens beim Vorsteigen Schluss.

Der Karabiner kann sich quer zur Belastungsrichtung legen und in dieser Position recht schnell brechen. Deshalb muss man sich unbedingt direkt ins Seil einbinden. Wie schon beim Toprope (siehe S. 31/32) empfehle ich dafür den doppelten Bulin, da er nicht schwerer zu knoten ist als der Achter, aber immer wieder leicht gelöst werden kann. Einziger Nachteil des Bulin: Er ist etwas schwerer zu kontrollieren (Partnercheck!) als der Achter.

Partnersicherung

Im Vorstieg ist es wichtiger als beim Toprope, dass die Sicherung und der Sichernde einwandfrei funktionieren. Mit welchem System man sichert, ist fast egal, man sollte es jedoch blind beherrschen. Bei der Sicherung mit dem GriGri im Vorstieg bestehen deutliche Gefahrenpunkte, noch mehr als beim Nachsteigen (siehe S. 35). Daher empfehle ich das GriGri nicht für den Vorstieg.

Die einfachsten und gängigsten Sicherungsmethoden für den Vorstieg sind:
- Halbmastwurfsicherung (HMS) im HMS-Karabiner
- Sicherung mit dem Abseilachter
- Sicherung mit der Tube (ATC).

Vom Prinzip ist die Bedienung der drei Geräte ähnlich. Es gibt eine Führungshand am Seil zum Kletterer und eine Bremshand hinter dem Sicherungsgerät, die sich immer am Seil befinden muss.

Beim Vorstieg ist es vor allem wichtig, schnell Seil ausgeben zu können. Zum Seilausgeben wird mit der Bremshand aktiv Seil in die Sicherung eingegeben, während die Führungshand auf der anderen Seite das Seil aus der Sicherung herauszieht. Bei der HMS-Sicherung sollte man beim Handwechsel unbedingt darauf achten, die Bremshand immer am Seil zu haben.

Hat der Kletterer das Seil eingehängt, kann es je nach ausgegebener Seilmenge sinnvoll sein, wieder etwas Seil einzunehmen.

Der Achter lässt sich sicherlich einfacher bedienen als die HMS, vor allem wenn es darum geht, schnell Seil auszugeben. Dazu hebt die Bremshand das Seil an, dann kann mit der Führungshand das Seil problemlos aus dem Achter heraus gezogen werden.

Klinken von Expressen

Damit der Kletterer im Falle eines Sturzes nicht ungebremst in den Boden rammt, klinkt er auf seinem Weg nach oben immer wieder so genannte Zwischensicherungen. Im Klettergarten und beim Sportklettern sind das meist Haken, in den meisten Fällen Bohrhaken.

Gefährlich: ein quer belasteter Karabiner

Haken mit Querösen

Dabei gibt es verschiedene Hakenösen oder Laschen rechtwinklig zur Felsoberfläche. In diese Haken klinkt man den Karabiner von rechts oder von links ein. Ist die Route absolut geradlinig, spielt es keine Rolle, von welcher Seite geklinkt wird. Verläuft sie diagonal, müssen die Schnapper der Karabiner gegen die Bewegungsrichtung zeigen. Dabei ist es sehr hilfreich, wenn man sich beim Zusammenstellen der Expressen ein System angewöhnt. Entweder alle mit beiden Schnappern in

Ganz oben: So ist das Seil richtig geklinkt!
Mitte und unten: So bitte nicht!

dieselbe Richtung, oder alle einen rechts einen links angeordnet. So weiß man schon in dem Moment, wenn man die Expresse vom Gurt nimmt, wie man sie einhängen muss, damit der Schnapper in die richtige Richtung zeigt. Hierbei werden selbst von Profis häufig Fehler gemacht.

Ringhaken

Es gibt neben den Haken mit den Querösen auch noch Ringhaken. Dabei werden die Karabiner von unten in den Ring eingeklinkt, sodass der Schnapper des Karabiners vom Fels weg zeigt und nicht am Fels anliegt. Sonst könnte er sich an einer Felsnase aufdrücken und bei Belastung eventuell brechen (Schnapper-offen-Bruch).

Links ist es richtig: Schnapper weg vom Fels ist das Motto beim Ringhaken

Clippen des Seils

Ist die Expresse in den Haken eingeklinkt, muss das Seil auch noch in den unteren Karabiner eingehängt werden. Dieser Vorgang wird allgemein als clippen bezeichnet.

Das Einhängen der Karabiner in den Haken geht meist schnell. Beim Clippen haben dann aber viele Leute Probleme. Steht man gerade unsicher oder klettert man an der Leistungsgrenze, ist es sehr

Beim Clippen mit dem Schnapper außen hält man mit dem Daumen den Karabiner fest, während das Seil mit dem Zeige- und Ringfinger in den Karabiner gelegt wird. Dabei liegt das Seil auf dem Ringfinger, während der Zeigefinger den Schnapper öffnet.

Beim Clippen mit dem Schnapper innen greift man mit dem Ringfinger unten in den Karabiner und zieht ihn leicht nach unten. Dadurch wird er stabilisiert. Gleichzeitig greift man das Seil zwischen Daumen und Zeigefinger und drückt den Schnapper auf, um das Seil einzulegen.

Unter ungünstigen Umständen kann sich das
Seil auch alleine aus der Expresse aushängen.

beruhigend, wenn der Vorgang des Clippens
schnell vonstatten geht. Daher sollte man das Clippen üben, und zwar alle vier Situationen: Schnapper außen (rechts und links) und Schnapper innen
(rechts und links).

Es gibt verschiedene Methoden, wie das Seil ge-
griffen, hochgezogen und dann in den Karabiner
eingehängt wird. Jeder muss für sich herausfin-
den, welche Methode für ihn am besten funktioniert. Nur schnell sollte es gehen.

Beim Clippen ist es sehr wichtig darauf zu achten,
dass das Seil von innen (von der Felsseite) nach
außen in dem Karabiner liegt, das heißt das Seil,
das von unten kommt ist innen, das Seil das zum
Kletterer führt ist außen. Sonst besteht unter ganz
ungünstigen Umständen die Gefahr, dass sich das
Seil selbstständig aus dem Karabiner ausklinkt.
Auch hier werden von vielen Fehler gemacht.

Neben der Richtung und der Zeit sollte man beim
Clippen noch Folgendes beachten: Auch wenn es
verlockend ist, den Haken so früh wie möglich einzuhängen, stellt dies eine Gefahr dar. Zum einen
überstreckt man sich dabei häufig, was ein Abglei-
ten vom Tritt bewirken kann. Zum anderen muss
für diese »ganz hohen« Zwischensicherungen sehr
viel Seil hochgezogen werden. Stürzt man kurz vor
dem Klinken (z. B. weil man vom Tritt rutscht), ist
die Sturzstrecke um einige Meter weiter als wenn
man die Zwischensicherung in Hüfthöhe klinkt, wo
es meist auch viel schneller geht, weil das Handling viel einfacher ist. Das können mitunter die
zwei Meter zu viel sein, die dann einen Grounder
verursachen. Deshalb sollte man sich ein »So-früh-
wie-möglich«-Einklinken erst gar nicht angewöhnen, auch wenn es subjektive Sicherheit vermittelt.
Ausnahmen bestätigen natürlich auch hier die
Regel. Wenn man schon weit über dem letzten
Haken ist und beim Sturz so oder so einen Grounder hätte, versucht man natürlich, so früh wie
möglich einzuhängen.

Auch bei gerade verlaufenden Touren muss
man auf die Seilführung achten (oben richtig).

Seilverlauf

Neben dem Seilverlauf in den Expressen ist der Seilverlauf beim Klettern äußerst wichtig. Falscher Seilverlauf ist für viele Verletzungen bei Stürzen verantwortlich.

Geradliniger Routenverlauf

Haben wir einen geradlinigen Routenverlauf, muss das Seil in der Mitte zwischen den Beinen geführt werden (Bild S. 51 Mitte). Liegt das Seil über einem Bein (Bild S. 51 unten) und man steht ungünstig (unmittelbar über einer Zwischensicherung) kann es passieren, dass man beim Stürzen einfädelt, sprich sich mit dem Bein zwischen Fels und Seil befindet. Das hat ein Umdrehen des Kletterers (Kopf nach unten) mit sämtlichen gefährlichen Nebenwirkungen zur Folge.

Diagonaler Routenverlauf

Bei diagonalen Routenverläufen verhält es sich genau anders herum. Da muss das Seil außerhalb des Körpers entweder über dem Oberschenkel oder über dem Fuß liegen. Und zwar auf der Seite, auf der sich die letzte Zwischensicherung befindet. Auch das wird häufig falsch gemacht. Man sollte deshalb auch andere Kletterer darauf hinweisen, wenn man sieht, dass sie falsch stehen, auch wenn man eine dumme Bemerkung riskiert. Besser, als beim Abtransport des Verletzten zu helfen.

Woran sichert man?

Früher galt das Sichern über den Körper als lebensgefährlich. Heute ist es Standard. Neue Erkenntnisse und moderne Sicherungstechniken sowie eine deutlich verbesserte Absicherung machen es möglich. Der Sichernde hängt die Sicherung in der Sicherungsschlaufe des Klettergurtes ein. Oder – noch besser – die Sicherung wird parallel dazu in den Steg der Beinschlaufen und den Ring des Hüftgurtes eingehängt. Hier lässt sich das Seil am besten bedienen, sprich einnehmen und ausgeben. Dabei sollte man genauso wie beim Toprope darauf achten, dass es nicht zu einer Karabiner-Querbelastung kommt. Bei der Sicherung über den Körper darf der Kletterer nicht wesentlich schwerer sein als der

Bei diagonalem Routenverlauf (hier von rechts nach links) gehört das Seil übers Bein.

Sicherung an einem Baum: Der Sichernde muss bei diagonalem Routenverlauf entgegengesetzt zur Kletterrichtung stehen, der potenzielle Sturzweg muss frei sein.

Sichernde. Der Gewichtsunterschied zwischen dem Sichernden und dem Kletterer sollte maximal 15 Kilogramm betragen. Die Körpersicherung hat den entscheidenden Vorteil, dass der Kletterer in der Regel dynamisch gesichert wird, selbst wenn der Sichernde einiges schwerer ist als der Kletterer. Dass selbst bei 15 Kilo Gewichtsunterschied der Sichernde nicht hochkatapultiert wird, liegt an der Tatsache, dass in der Umlenkung (beim Sturz: der Karabiner der letzten Zwischensicherung) und in den Zwischensicherungen darunter durch Reibung sehr viel Energie abgebaut wird.

Aufgrund dieser Entwicklung findet man heute nur noch äußerst selten Fixpunkte am Wandfuß. Wer

Das Seil zwischen den Beinen: falscher Seilverlauf bei diagonalem Routenverlauf

Aufmerksames Sichern (ohne Schlappseil, oben richtig) muss sein, sonst ist ein Grounder unausweichlich.

nicht über Körper sichern will (oder kann), muss sich das Klettergebiet schon sorgfältig aussuchen. Bäume bieten häufig die einzige Möglichkeit. Sichert man an einem Baum, sollte man aber darauf achten, dass das Seil nicht durch den potenziellen Sturzweg des Kletterers in die erste Zwischensicherung läuft, da dies im Falle eines Sturzes zu üblen Verletzungen führen könnte. Besteht für den Sichernden Absturz- oder Abrutschgefahr (in diesem Falle würde auch der Kletterer stürzen!), muss er sich selbst sichern. Diese Sicherung sollte so gewählt werden, dass der Sichernde sich noch bewegen kann und dass er bei einem Sturz des Kletterers nach oben gezogen werden kann. Je nach Standort und Gegebenheit ist dafür ein Meter Schlappseil zu dem Sichernden nötig, damit er sich bewegen kann und damit die Sicherung beim Sturz dynamisch ist.

Ist der Gewichtsunterschied größer als die besagten 15 Kilogramm, fixiert sich der Sichernde an einem Punkt nach hinten unten. Bietet sich diese Möglichkeit, kann er weiterhin über Körper sichern. Findet er keine Möglichkeit sich zu fixieren, muss er über einen Fixpunkt sichern.

Standort des Sichernden

Unabhängig von der Sicherungsart ist der Standort des Sichernden eine wichtige Frage. Gerade in Klettergärten und in Kletterhallen sieht man Sichernde, die sich darüber anscheinend keine Gedanken machen.

Für den Sichernden ist es am einfachsten, den Sturz zu halten, wenn der Zug annähernd nach oben erfolgt. Da es in dieser Position aber sehr unangenehm ist, dem Kletterer zuzusehen, weil man den Kopf weit in den Nacken nehmen muss und die Gefahr besteht, dass der Kletterer auf den Sichernden stürzt, stellen sich viele Sichernde weit weg vom Fels. Mit dem Ergebnis, dass sie im Falle eine Sturzes zum Fels hingezogen werden und sich abstützen, um nicht hart anzuschlagen. Dabei ist es dann schnell geschehen, dass auch die Bremshand das Seil loslässt. Eine fataler Vorgang, der keiner weiteren Schilderung bedarf.

Entscheidend für den Standpunkt des Sichernden ist die erste Zwischensicherung. Man sollte sich am besten leicht seitlich von der ersten Sicherung platzieren. Verläuft die Route danach eher nach

Zu einer guten Taktik gehört es, die Route von unten zu inspizieren und den Ablauf in Gedanken durchzugehen.

rechts, platziert sich der Sichernde etwas links der ersten Zwischensicherung (siehe Skizze S. 53). So kann man auch den Kletterer am besten beobachten.

Neben dem Standpunkt des Sichernden ist die Seilhandhabung wichtig. Häufig sieht man Sichernde, die so »lässig« sichern, dass das Seil zwischen ihnen und der ersten Sicherung fast auf dem Boden schleift. Kein Kletterer ist scharf darauf, wegen so unaufmerksamen und dummen Sichernden im Krankenhaus zu enden. Es ist nicht schwer sich auszumalen was passiert, wenn der Kletterer kurz vor dem zweiten Haken (sagen wir in fünf Meter Höhe) stürzt, der Sichernde steht weit weg von Fels und hat viel Schlappseil vor sich hängen. Der Kletterer würde in diesem Fall ungebremst aufschlagen.

Das Seil nach oben darf natürlich auch nicht gespannt sein, schließlich will der Kletterer keinen Zug nach unten. Aber es sollte auch nicht unnötig viel Seil ausgegeben sein. Aufmerksames und konzentriertes Sichern ist gefragt!

Befindet sich der Kletterer weiter oben und das Seil läuft hier und da über den Fels und auch nicht ganz geradlinig durch die Zwischensicherungen, kann man etwas weiter von der Wand wegtreten, da durch die Reibung weniger Energie beim Sichernden ankommt und ein (etwas) weiterer Sturz (je nach Gelände) auch nicht so fatale Folgen hat.

Taktik

Mehr als vieles andere muss sich beim Wechsel vom Toprope zum Vorstieg vor allem die Taktik ändern. War die Taktik beim Topropen noch nicht so wichtig – das Seil kommt ja immer von oben –, spielt sie beim Klettern im Vorstieg eine wichtige Rolle. Es besteht eben nicht mehr wie beim Topropen die Möglichkeit, sich jederzeit ins Seil zu setzen. Deshalb sollte der Kletterer genau wissen,

was er tut, wenn er sich vom sicheren Hafen eines guten Hakens ins Ungewisse bis zur nächsten, soliden Sicherung begibt.

Die Taktik beginnt beim Betrachten der Route von unten. Wie löst man den Einstieg, wo sind die Sicherungen, wie ist der Verlauf der Route und wo ist die Crux (schwierigste Stelle)? Dies alles sind Faktoren, die zum Erfolg (Durchsteigen) oder Misserfolg beitragen können. Neben dem Erfolg oder Misserfolg wird beim Klettern aber auch die Sicherheit von einer guten Taktik beeinflusst. Wie viele Expressen werden gebraucht, von wo wird geklinkt und werden eventuell weitere Sicherungsmittel benötigt?

Die ersten Meter sollten zügig vonstatten gehen, schließlich hatte man ja die Möglichkeit, sich diese sorgfältig anzusehen. In der Route sollten alle möglichen Ruhepositionen genutzt werden, um sich zu erholen und um den weiteren Verlauf der Route zu inspizieren. Es ist sinnvoll, nahe an gerade geklinkten Zwischensicherungen zu ruhen, das beruhigt ganz nebenbei die Nerven.

Stürzen

Die Technik stimmt, die Taktik auch, aber irgendetwas hat nicht gepasst. Stürzen gehört heutzutage zum (Sport-)Klettern dazu.

Schon bei der Auswahl der Route und beim genaueren Betrachten muss einem klar sein, ob die Route sturztauglich ist oder ob man hier tunlichst nicht stürzen sollte (Absätze, weite Hakenabstände …). Kommt man zu dem Schluss, dass sie nicht sturztauglich ist, sollte man mit einem hohen Maß an Reserve unterwegs sein und möglichst reversibel klettern. Das heißt, dass man aus einer brenzligen Situation auch mal wieder zurückklettern kann. Allgemein haben die meisten Kletterer viel zu viel Angst vor dem Stürzen. Wer es schafft, diese Angst zu besiegen, wird wesentlich entspannter und besser klettern.

Exkurs in die Kräfte beim Stürzen

Beim Stürzen geistern zwei Begriffe durch die Kletterszene, mit denen viele nichts anfangen können: Sturzfaktor und Fangstoß.

Der **Sturzfaktor** errechnet sich aus der Sturzhöhe geteilt durch die ausgegebene Seillänge. Wenn ein Kletterer beispielsweise 4 Meter stürzt (Sturzhöhe gleich 4) und zwischen ihm und der Sicherung befinden sich 10 Meter Seil, dann beträgt der Sturzfaktor 0,4 (4 geteilt durch 10). Der größtmögliche Sturzfaktor ist 2 und ergibt sich bei einem Sturz direkt in den Stand ohne Zwischensicherung. Das ist nur bei Routen möglich, bei denen der Stürzende am Sichernden vorbei fällt, also bei Mehrseillängen-Routen. (Beispiel: 2 Meter Seil ausgegeben, 4 Meter Sturzhöhe).

Der **Fangstoß** ist die Kraft, die auf den Kletterer wirkt, wenn er stürzt. Der angegebene Wert des Fangstoßes auf der Seilbeschreibung wurde auf einer Sturzanlage ermittelt und wird in der Praxis von einem stürzenden Kletterer nicht erreicht. Beim Klettern ist der Fangstoß von vielen Faktoren abhängig:

- Seildehnung
- Gewicht des Sichernden
- Anzahl der Zwischensicherungen
- Seilverlauf
- Art der Sicherung (HMS, Achter …)
- Technik des Sichernden (bewusste dynamische Sicherung).

Die größte Kraft beim Stürzen wirkt auf die Umlenkung (also auf die letzte Zwischensicherung). Hier addieren sich Bremskraft auf der einen Seite und Sturzkraft (Fangstoß) auf der anderen Seite. Da die Umlenkung einen Teil der Sturzenergie in Form von Reibung aufnimmt, beträgt die Bremskraft nur etwa zwei Drittel der Sturzkraft. Bei Sportkletterstürzen (kleiner Sturzfaktor, dynamische Sicherung) werden bis zu 8 kN an der Umlenkung erreicht. Bei großem Sturzfaktor, ungünstigem Seilverlauf und »statischer« Sicherung können wesentlich höhere Kräfte (bis zu 16 kN) auf die Umlenkung wirken. Daraus wird deutlich, dass die Umlenkung am meisten aushalten muss. Im Prinzip wird auf beiden Seiten der Umlenkung am Seil gezogen, sie muss beiden Kräften standhalten.

Stürzender, Sichernder und die Kräfte, die auf die Sicherungskette wirken

Gutes Sturzgelände ist glattes Terrain, das mindestens senkrecht, besser leicht überhängend ist und keine Absätze und Vorsprünge aufweist. Das Seil sollte möglichst frei, ohne übermäßige Winkel und nicht über Kanten laufen.

Beim Stürzen selbst (wenn es bewusst geschieht) ist es am besten, sich nicht weit von der Wand abzustoßen, sondern eher gerade runterzuspringen. Dabei gilt es auch darauf zu achten, dass man mit dem Bein nicht hinter dem Seil einfädelt (siehe Seilführung). Zusätzlich sollte der Sichernde weich, das heißt dynamisch sichern, um den Anprall am Fels zu minimieren.

Dynamisch sichern

Um den Fangstoß, also die Kraft, die der Stürzende auszuhalten hat, möglichst gering zu halten, ist es wichtig, dynamisch zu sichern. Das bedarf einiger Übung. Beim dynamischen Sichern wird der Sturzweg immer länger als bei einer statischen (oder quasi statischen) Sicherung. Deshalb muss der Sichernde bei Stürzen immer abchecken, ob der Sturzweg frei ist. Ist das nicht der Fall, gibt der Sichernde nicht aktiv Seil in die Sicherung, sondern versucht lieber, den Sturzweg so kurz wie möglich zu halten. Ein hoher Fangstoß ist für den Stürzenden in diesem Fall sicher noch besser als ein harter Aufschlag.

Beim Sturz selbst ist es das Beste, wenn der Sichernde im Moment des Zuges kontrolliert Seil in die Sicherung gibt (bei Fixpunktsicherung). Bei Sicherung über den Körper kann man mit einem leichten Hochfedern aus den Beinen die Dynamik erhöhen. Ein echtes Hochspringen bedarf sehr viel Übung und ein gutes Zeitgefühl. Springt man zu früh, ist der Sturz besonders hart, weil sich beide (Stürzender und Sichernder) auf dem Weg nach unten befinden. Am besten ist es, das Stürzen (und das Sichern beim Stürzen) gezielt zu üben.

Sturzübungen

Sturzübungen sind auch für Hobby- und Freizeitkletterer eine sinnvolle Übung. Man baut Vertrauen ins Material auf und lernt die Scheu vor dem Fliegen zu verlieren.

Um bei Sturzübungen den Ernstfall zu vermeiden, sollte man einige Punkte beachten. Wichtig ist natürlich ein geeignetes Sturzgelände. Eine leicht

Auch Stürzen muss geübt werden.

überhängende, glatte Wand ist bestens geeignet. Auch viele Kletterhallen bieten gute Bedingungen zum Fliegen. Als Redundanz sollte man die Umlenkung hintersichern. Das kann mittels Bandschlinge an einem anderen Haken geschehen oder an einem oberhalb stehenden Baum. In die Umlenkung selbst sollte man sicherheitshalber zwei Expressen gegenläufig einhängen oder einen Verschlusskarabiner verwenden. Beim Absprung ist es wichtig, dass das Seil nicht hinter dem Bein verläuft (siehe Kapitel Seilverlauf).

Viele werden reflexartig ins Seil greifen (übrigens auch beim echten Stürzen). Dabei muss man unbedingt darauf achten, dass man wirklich nur das Seil erwischt, das zum Gurt führt und nicht auch das Seil, das zum Sichernden führt. Sonst kann es zu bösen Verbrennungen kommen.

Es sollte genügend Seil ausgegeben sein, um einen geringen Sturzfaktor und einen geringen Fangstoß zu garantieren. Optimal wäre beispielsweise das Üben in 20 Meter Höhe.

Wer sich keinen »echten Sturz« im Vorstieg zutraut, kann auch mit Stürzen im Toprope beginnen.

Dazu gibt der Sichernde etwas Schlappseil und der Kandidat springt.

Im Vorstieg beginnt man mit kleinen Hüpfern und steigert langsam die Höhe. So manch einem wird das so viel Spaß machen, dass er gar nicht mehr aufhören möchte. Und spätestens jetzt werden diejenigen, die sich immer noch mit Achter eingebunden haben, auf den doppelten Bulin umstellen. Garantiert!

Abbauen der Route

Jetzt wissen wir fast alles, was zum Vorstieg nötig ist. Wir gehen an dieser Stelle mal davon aus, dass sich am Routenende immer geeignete Umlenksysteme befinden. Was man tun muss, wenn dies nicht der Fall ist, wird im Kapitel »Wie komme ich wieder runter?« erläutert.

Der Kletterer hat also den Umlenker geklinkt und will abgelassen werden. Der Routenverlauf ist diagonal (bei einem geradlinigen Routenverlauf ist das Abbauen kein Problem) oder die Route ist überhängend, die Zwischensicherungen sollen wieder eingesammelt werden. Dazu gibt es mehrere Möglichkeiten:

- Entweder man hangelt sich an dem geklinkten Seil zu den Expressen. Das geht ganz gut, solange die Route nicht allzu schräg verläuft. Die Expressen lassen sich dabei am einfachsten aushängen, wenn man sich in die Kletterposition begibt. Man kann die Expresse nun direkt aus dem Haken aushängen.
- Kann man sich nicht in die Kletterposition manövrieren, zieht man sich am besten an der Expresse zum Haken hin und nimmt leicht Schwung. Im toten Punkt kann man nun mit etwas Geschick die Expresse aus dem Haken aushängen.

Es kann hilfreich sein, sich mittels einer Expresse, die an der Sicherungsschlaufe des Gurtes befestigt ist, in das Seil einzuklinken, das zum Sichernden geht. Aber Vorsicht: Beim Aushängen der letzten Zwischensicherung sollte man bedenken, dass es zu einem weiten Pendler kommen kann. Dabei wird auch der Sichernde mitgerissen. Natürlich muss der Pendelweg frei von anderen Kletterern, Bäumen etc. sein.

Gefahren und typische Fehler beim Vorstieg

Sturz vor der ersten Zwischensicherung

Der Kletterer stürzt vor der ersten Zwischensicherung. Je nach Höhe und Gelände kann das üble Folgen haben.

Vorbeugung:

Routen mit niedriger erster Sicherung aussuchen. Unterhalb der ersten Sicherung reversibel klettern. Eventuell die erste Sicherung aus einer benachbarten, einfacheren Route einhängen. Ein Cheater Stick (Stock zum Einhängen der ersten Zwischensicherung) kann Abhilfe schaffen. Auch: Spotten des Vorsteigers bis er die Sicherung eingehängt hat, sprich eine andere Person stellt sich unter ihn und fängt ihn im Sturzfall ab.

Sturz oberhalb des ersten Hakens bis zum Boden

Der Kletterer stürzt oberhalb des ersten Hakens und macht einen Grounder. Das endet meist böse, da die Höhe schon recht beachtlich ist.

Vorbeugung:

Abschätzen der Entfernung zwischen erstem und zweitem Haken. Eventuell den zweiten Haken aus einer anderen (leichteren) Route oder durch Abseilen über die Route verlängern (Bandschlinge). Haken nicht ganz überstreckt von weit unten klinken (weiter Sturzweg durch viel Seil). Wenn möglich, mobile Zwischensicherung (Klemmkeil) zwischen erstem und zweitem Haken anbringen.

Sturz auf Band oder Absatz

Der Kletterer befindet sich mitten in der Route und stürzt. Das erscheint harmlos, ist es aber nicht, wenn sich unterhalb ein Absatz oder Sims befindet. Die Auswirkungen können ähnlich sein wie bei einem Sturz auf den Boden.

Vorbeugung:

Sich immer über die Gefahr eines Sturzes im Klaren sein. Das Sturzgelände beurteilen (schon von unten) und eventuell dem Sichernden sagen, dass dieser nicht weich sichern soll (damit sich die Sturzhöhe nicht erhöht), weil das Sturzgelände nicht frei ist.

Weiter Sturz, weil sich ein Haken ausgehängt hat

Der Kletterer stürzt überraschend weit, weil sich eine Expresse selbstständig ausgehängt hat oder weil ein Karabiner gebrochen ist (Schnapper-offen-Bruch).

Vorbeugung:
Expresse richtig klinken. Drahtschnapper-Karabiner (Wire Gate) mit einem Schnapper-offen-Bruchwert von 10 kN oder mehr benutzen. An ganz wichtigen Stellen eventuell zwei gegenläufige Expressen oder einen Verschlusskarabiner benutzen.

Kletterer stürzt mit dem Kopf nach unten

Der Kletterer stürzt und dreht sich im Verlauf des Sturzes mit dem Kopf nach unten. Eine der häufigsten Unfallursachen bei Sportkletterstürzen.

Vorbeugung:
Auf den richtigen Seilverlauf zwischen den Beinen achten.

Kletterer stürzt die letzten Meter beim Ablassen

Der Kletterer hat die Umlenkung erreicht und hat dort umgefädelt. Er stürzt beim Ablassen die letzten Meter frei hinunter, weil dem Sichernden das Seilende durch die Hand läuft. Die Umlenkung war höher als das halbe Seil lang ist.

Vorbeugung:
Seilmitte markieren! Freies Seilende sicher fixieren (festknoten). Beim Ablassen konzentrieren.

Zusätzlich können im Vorstieg viele Fehler auftreten, die auch beim Topropen auftreten können (siehe S. 41).
Zum Vermeiden vieler Fehler hilft der Partnercheck (siehe S. 27), der nur Sekunden dauert, aber ein erhebliches Plus an Sicherheit bedeutet.

Tipp

Vorsteigen muss man üben. Weniger von der Klettertechnik her als vom Kopf. Beim Vorsteigen zählt mehr als sonst Wolfgang Güllichs Spruch: »Der wichtigste Muskel beim Klettern ist das Gehirn.« Die Angst vor einem Sturz kann einen lähmen oder beflügeln. Auch Sturzübungen können die Angst vor dem Abgang verringern. Aber natürlich gilt es immer, die Gefahren eines Sturzes einschätzen zu können. Verläuft die Einschätzung negativ, muss man auch so klettern können, dass man nicht stürzt. Um die Sturzgefahr richtig beurteilen zu können, benötig man wiederum sehr viel Erfahrung.

Wie komme ich wieder runter?

Wer irgendwo hinaufklettert, muss auch irgendwie wieder hinunter. Wenn man nicht auf der anderen Seite des Felsens hinunterlaufen kann, muss abgeseilt werden oder man wird vom Sicherungspartner abgelassen. Hält man sich beim Hinaufklettern noch am Felsen fest und wird lediglich vom Partner gesichert, spielt beim Ablassen der Sichernde die entscheidende Rolle.

Beim Abseilen hingegen muss man sich in schwindelnden Höhen zuerst aus dem Seil ausbinden, bevor man wieder hinunter gelangt. Da sollte jeder Handgriff sitzen.

In den Klettergärten wird es immer mehr gang und gäbe, über die Route abzuseilen oder abgelassen zu werden. Das hat mehrere Gründe. Das Ablassen oder Abseilen kommt den Kletterern entgegen. Die Kletterschuhe werden immer unbequemer und enger, gehen kann man mit ihnen in aller Regel kaum noch oder nur unter Schmerzen. Außerdem geht das Abseilen (fast) immer schneller als das Hinuntergehen. Ein weiterer wichtiger Aspekt ist der Naturschutz. In den Mittelgebirgen sind die Felsköpfe oft sehr empfindliche, aride Zonen, wo sich Flora aus der Eiszeit erhalten hat. Diese ist sehr sensibel und kann durch übermäßig starken Betritt geschädigt werden.

Da zum Abseilen Haken notwendig sind, ist es in den meisten Gebieten üblich, diese Umlenker kurz unter den Felsköpfen in den steilen Zonen zu platzieren. Das hat wiederum den Vorteil, dass man sehr gut Topropes einrichten kann und diese auch einen seilschonenden Verlauf haben. Topropes, die auf dem Felskopf eingerichtet sind, sind echte Seilkiller. Das Seil läuft in solchen Fällen fast immer über eine Kante und erzeugt viel Reibung.

Allgemeine Gefahren

Auch Umlenkhaken sind nicht ganz ungefährlich. Das Problem ist, dass beim Klettern im Toprope dieser eine Haken die einzige Sicherung ohne Redundanz bildet. Bricht der aus, geht es unweigerlich bis unten. Und es gibt immer wieder fehlerhaft gesetzte Haken oder etwa lose Felspartien, in die ein Umlenkhaken gesetzt wurde.

Die Gefahr ist beim Ablassen nach einem Vorstieg weniger gegeben, da sich in aller Regel irgendwo unter dem Umlenker die nächste Zwischensicherung befindet. Bricht der Umlenkhaken aus, wird der Sturz spätestens an dieser nächsten Zwischensicherung gebremst – vorausgesetzt, sie hält. Dieses Szenario ist sicherlich nichts, was tagtäglich passiert, aber man sollte sich dieser Sache bewusst sein.

Eine zweite potenzielle Gefahrenquelle ist die falsch eingeschätzte Länge des Seils. Reicht das Seil nicht mit beiden Enden bis auf den Boden und der Abseilende (oder der, der ablässt) be-

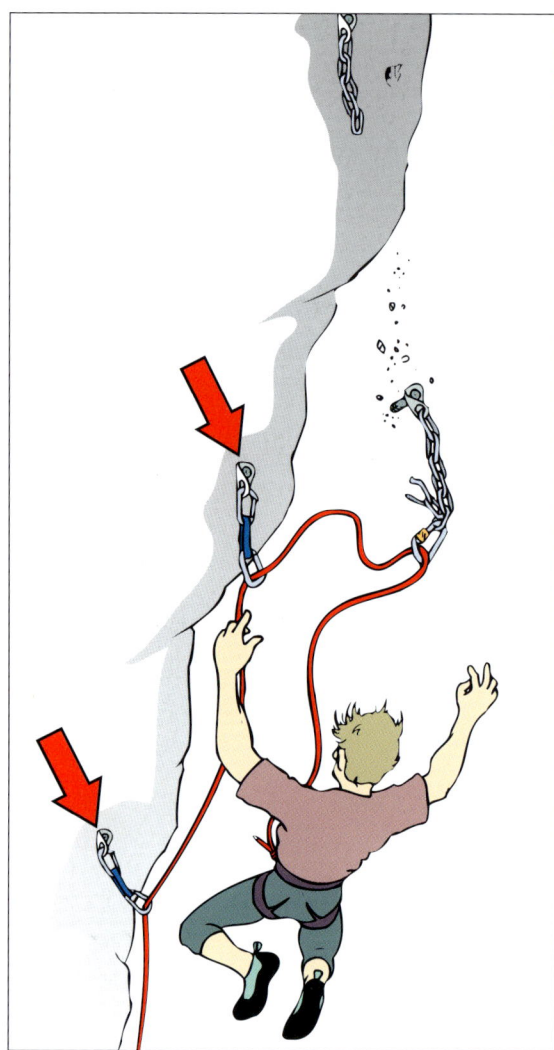

Nach einem Vorstieg ist beim Ablassen durch die geklinkten Expressen eine Sicherungs-Redundanz gegeben.

gen, muss zum Abseilen ein Abseilgerät her. Wer bisher zum Sichern die HMS benutzt hat, braucht spätestens jetzt ein anderes Gerät. In aller Regel ist das ein Abseilachter. Aber auch mit den meisten anderen Geräten kann man abseilen (ATC/Black Diamond, Reverso/Petzl, TRE/Krimmer).

Es ist von Vorteil, nur ein Gerät zu haben, mit dem man sichert und abseilt. Dann vergisst man es nicht so schnell, weil es fester Bestandteil der Ausrüstung ist.

Zusätzlich ist beim Abseilen noch eine Hintersicherung sinnvoll. Dazu dient am besten eine so genannte Kurzprusik, eine fünf Millimeter dicke, an den Enden verknotete Reepschnur mit etwa 20 Zentimetern Gebrauchslänge.

Wir gehen im Folgenden hauptsächlich auf das Abseilen mit dem Achter ein, weil es ein sehr gutes Universalgerät und am meisten verbreitet ist.

Abseilen oder ablassen?

Die Entscheidung, ob man abseilt (es selbst macht) oder abgelassen wird (vom Sichernden), hängt von mehreren Faktoren ab.

Welche Art der Umlenkung befindet sich am Routenende?

Der Unterschied zwischen dem Abseilen und dem Ablassen ist vor allem der, dass beim Abseilen das Seil an derselben Stelle im Haken bleibt, sprich es bewegt sich nicht im Haken. Beim Ablassen hingegen läuft das Seil über weite Strecken durch den Haken. Deshalb eignen sich zum Ablassen nur Haken aus Rundmaterial mit nicht zu engem Radius. Normale Bohrhaken, deren Laschen aus Flachstahl bestehen und einen sehr engen Radius aufweisen, sind nicht zum Ablassen geeignet. Soll an solch einem Haken umgedreht werden, muss man abseilen oder einen Karabiner opfern.

Meist befinden sich am Ende der Route aber richtige Umlenkhaken. Sind das Sauschwänze (siehe

merkt das nicht, kommt es zum Absturz über die restliche Abseilstrecke. Dem kann man allerdings mit Knoten im Seilende vorbeugen. Auch eine gut sichtbare Mittelmarkierung kann einem Durchflutschen des Seilendes vorbeugen. Ist die Mitte beim Sichernden »durch«, weiß er, dass das Seil zu kurz zum Ablassen ist. Wird abgeseilt, ist bei einer gut sichtbaren Mittelmarkierung auch schnell ersichtlich, wann beide Enden gleich lang sind. Die Mittelmarkierung muss an den Umlenkhaken!

Ausrüstung

Neben der normalen Kletterausrüstung, die man benötigt hat, um überhaupt hier herauf zu gelan-

Bild S. 31), braucht man hier nur das Seil einzulegen und schon kann man vom Partner abgelassen
werden. In Frankreich und Italien findet man auch
häufig fixierte Karabiner. Dafür gilt das Gleiche.

Wie ist der Seilverlauf?

Lässt der Seilverlauf überhaupt ein Ablassen zu?
Besonders in rauem Gestein und bei wenig gerad-
linigen Routen kann es besser sein, abzuseilen an-
statt abgelassen zu werden. Reibt das Seil mit der
Belastung des Abzulassenden am Ende über den
Fels, kann es schnell zu schadhaften Stellen am
Seilmantel kommen.

Wie lang ist die Abseilstrecke?

Ist die Route eventuell länger als die Hälfte des
Seils, muss der Kletterer selbstständig abseilen,
weil beim Ablassen das Seil nicht bis zum Boden

reicht. Das tut es beim Abseilen natürlich auch
nicht, aber dann muss der Abseilende an einem
weiteren, tiefer gelegenen Fixpunkt noch einmal
abseilen.

Sind Ringhaken oder andere geschlossene Systeme als Umlenker angebracht, stellt sich dem
erfolgreichen Bezwinger der Route die nächste
Frage: »Fädeln oder klinken?«

Will noch jemand die Route vorsteigen (wird das
Seil also abgezogen, wenn man wieder unten ist),
lohnt sich die Mühe des Fädelns nicht. In diesem
Fall ist es das beste, einfach eine Expresse einzuhängen und das Seil darein einzuklinken. Die weiteren Sicherungen unterhalb der Umlenkung bilden in diesem Fall eine Hintersicherung.

Soll die Route noch im Toprope geklettert werden,
muss an der Umlenkung entweder ein Schraubkarabiner benutzt werden oder zwei gegenläufig
eingehängte Expressen. Oder man fädelt die Umlenkung.

Fädeln

Soll die Route nach dem Vorstieg eines Kletterers
nur mehr im Toprope begangen werden, empfiehlt
es sich, den Umlenker zu fädeln (wenn die Haken-
form das zulässt). Auch wenn nach dem Vorstieg
keiner mehr in der Route klettern will, muss man
fädeln (oder Material opfern).

Es gibt zwei grundsätzliche Methoden, einen Umlenkhaken zu fädeln.

Methode eins: normal Fädeln

- Der Kletterer kommt an der Umlenkung an.
- Er sichert sich mit einer oder mit zwei Expressen (je nach Länge) an der Umlenkung.
- Er knüpft in das Seil unter sich eine Sackstichschlinge und hängt sich diese mit einem Schrauber in die Anseilschlaufe des Gurtes. Somit ist er hintersichert und das Seil kann nicht hinunterfallen (mindestens sehr peinliche, eventuell sogar sehr gefährliche Situation).
- Er bindet sich aus.
- Er fädelt das freie Ende des Seils durch den Ring.
- Er bindet sich in diesem Ende wieder ein.

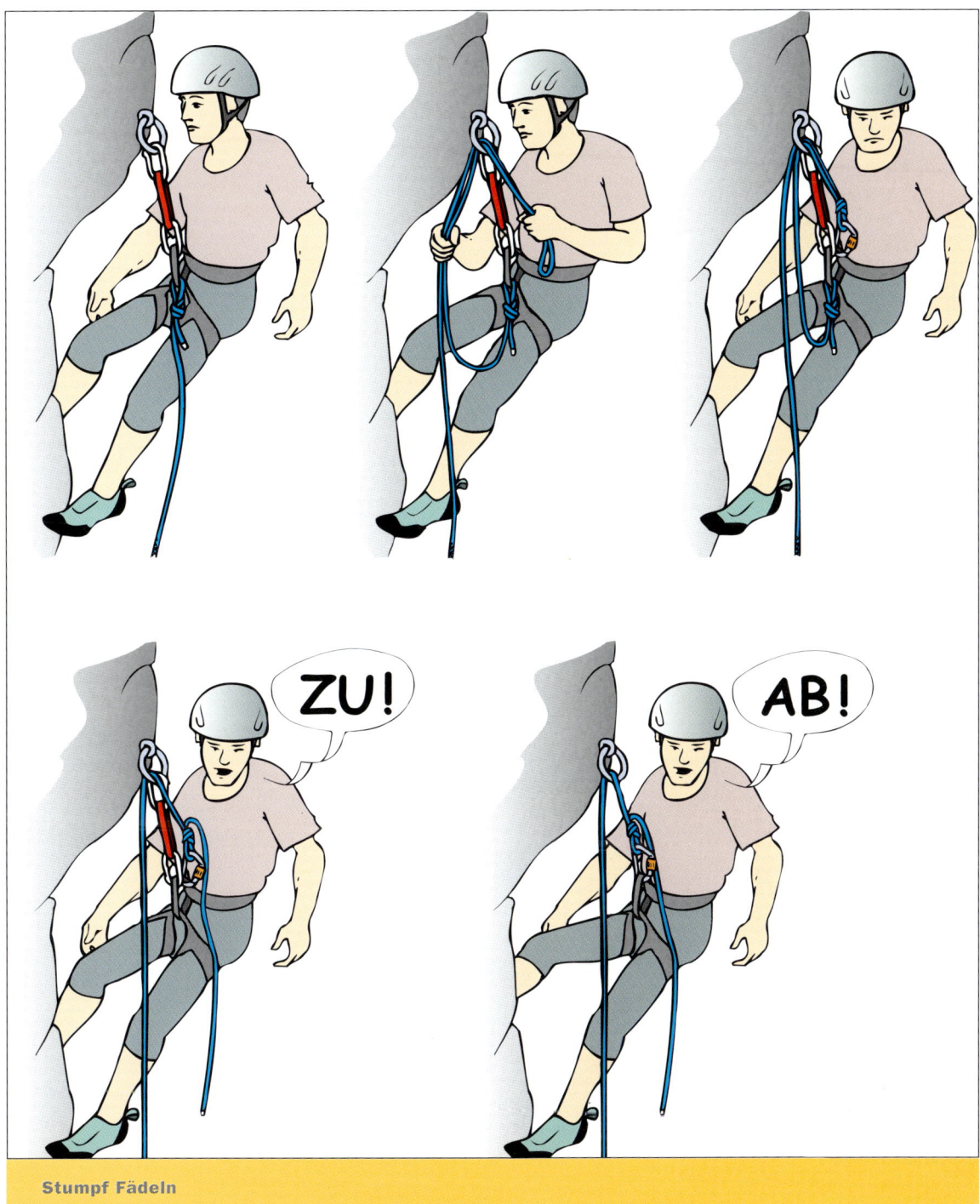

Stumpf Fädeln

- Er löst die Sackstichschlinge.
- Er vergewissert sich, dass richtig gefädelt ist und gibt dem Sichernden das Kommando »zu(g)«.
- Er wartet auf den Zug von unten.
- Er hängt die Expressen aus und gibt das Kommando »ab«.

Methode zwei: stumpf Fädeln

- Der Kletterer kommt an der Umlenkung an.
- Er sichert sich mit einer oder mit zwei Expressen (je nach Länge) in dem Ring.
- Er fädelt das Seil doppelt durch den Haken, ohne sich vorher auszubinden.

- Er macht eine Sackstichschlinge in das Ende, das er durch den Haken gesteckt hat.
- Er hängt diese Schlinge mittels Schraubkarabiner im Gurt ein.
- Er löst seinen Anseilknoten.
- Er vergewissert sich, dass richtig gefädelt ist und gibt dem Sichernden das Kommando »zu(g)«.
- Er wartet auf den Zug von unten.
- Er hängt die Expressen aus und gibt das Kommando »ab«.

Die Methode zwei kann man nur anwenden, wenn die Umlenkung eine Öse hat, die groß genug ist, um einen Karabiner (den der Selbstsicherung) und zwei Seilstränge aufzunehmen. Ist die Öse zu klein dafür, muss man die erste Methode anwenden. Ein weiteres Argument für das Fädeln ist die Sicherheit. Schon öfters haben Nachsteiger im Übereifer auch den obersten Haken ausgehängt und sich dann ins Seil gesetzt. Gesichert waren sie dann nicht mehr und entsprechend fatal war das Ergebnis. Das kann bei gefädelten Umlenkern nicht passieren.

Abseilen mit dem Achter

Bedienung des Abseilachters

Bevor ein Kletterer wirklich abseilt, sollte er dies etliche Male am Boden geübt haben. Steile Hänge eignen sich hervorragend für Abseilübungen. Die Absturzgefahr ist gar nicht gegeben oder nur gering.
Zum Abseilen wird das Seil doppelt durch die große Öse des Abseilachters gelegt. Das »Auge«, das auf diese Weise entsteht, wird nun hinter die kleine Rundung des Achters gelegt. Dabei sollte man darauf achten, dass der Achter nicht verdreht eingehängt wird. Steckt man das Seil von hinten durch den Achter, den man aufrecht vor sich hält, und legt es dann vorne über die Öse und klinkt den Achter so ein, ist der Seilverlauf optimal.
Um beim Durchstecken dem Verlust des Achters vorzubeugen, kann man den Achter mit einem Karabiner an der großen Öse am Gurt fixieren. Ist das Seil über die kleine Öse gelegt, kann der Achter

nicht mehr verloren gehen und man kann ihn mit
einem Schraubkarabiner am Gurt befestigen. Auch
hier bevorzuge ich wie beim Sichern mit dem Achter den Belay Master als Karabiner. Denn auch
beim Ablassen ist es durch eine Hebelwirkung des
Achters auf die Verschlusssicherung schon zu
mehreren tödlichen Unfällen gekommen. Das ist
mit diesem speziellen Karabiner ausgeschlossen.
Nun ist der Achter am Gurt fixiert. Theoretisch
könnte man jetzt abseilen. Aber Abseilneulinge
sollten immer eine Hintersicherung benutzen.

Hintersicherung beim Abseilen

Es gibt, wie sollte es anders sein, verschiedene
Methoden, um sich beim Abseilen zu hintersichern. Für die gängigste braucht man eine Kurzprusik (siehe Ausrüstung).

Hintersicherung mit dem Kurzprusik

Mit diesem Seilstück wird ein Prusikknoten (siehe
Bild links unten) in das Seil unter dem Achter gemacht. Dann klinkt man mit einem Karabiner die
Schlinge in die Beinschlaufe, und zwar unter den
Steg, der zur Einbindeschlaufe führt (dann kann er
nicht hochrutschen).
Der Prusik muss so kurz sein, dass er unter Belastung nicht in den Achter rutschen kann. Sonst wird
der Achter blockiert und die Abseilfahrt ist zu Ende.
Mit der Bremshand (für Rechtshänder meist die
rechte Hand) greift man nun die Windungen des
Prusikknotens und führt diesen mit sich. Lässt
man ihn los, blockiert er und die Abseilfahrt
stoppt. Man kann hängen, ohne die Hände am Seil
zu haben.

Alternative Hintersicherung

Anstelle des Prusiks kann man auch eine andere,
einfachere Methode der Hintersicherung wählen.
Dafür braucht man allerdings einen Helfer am Fuß
des Felsens. Hält dieser beide Enden des Seils in
der Hand und zieht daran, stoppt für den Absei-

lenden die Talfahrt ebenso wie wenn er die Prusik-
sicherung loslässt. Diese Methode hat den Vorteil,
dass sie wesentlich schneller geht und dass die
manchmal lästige Prusikschlinge nicht mitgeführt
werden muss. Allerdings sollte derjenige, der das
Seil hält, dies auch gewissenhaft tun und nicht
irgendwo rumspringen, wie man es häufig sieht.

Frei Abseilen

Erfahrene Kletterer sieht man häufig auch ohne
jede Art von Hintersicherung abseilen. Das ist
sicherlich ein kalkulierbares Risiko und nicht unbedingt leichtsinniges Handeln. Allerdings muss
man sich dessen bewusst sein, dass ein Loslassen
des Seils – z. B. bei Bewusstlosigkeit durch Steinschlag – einen Absturz zur Folge hat. Deshalb
muss jeder selbst wissen, ob er dieses höhere
Risiko eingeht.

Grundhaltung beim Abseilen

Beim Abseilen hängt man nicht wie ein nasser
Sack im Seil. Die Beine sind etwas über schulter-

breit gespreizt, Oberkörper und Beine bilden einen
Winkel von ca.120 Grad. Mit den Füßen stößt man
sich vom Fels ab. Durch das Spreizen der Beine
wird ein seitliches Wegkippen verhindert. Mit kleinen Schritten geht es kontrolliert tiefer. Die Bremshand führt den Prusik mit, die Führungshand befindet sich oberhalb am Seil. Allerdings sollte man
darauf achten, sich mit der oberen Hand nicht am
Seil festzuklammern.

Nun gibt man langsam mit der Bremshand Seil frei
und gelangt so immer tiefer, um hoffentlich wohl-
behalten den Boden zu erreichen.

Knoten im Seil

Auf eines muss man beim Abseilen immer achten:
Reichen beide Seilenden bis zum Boden? Ist das
nicht der Fall und wird das Problem vom Abseilenden nicht bemerkt, geht es dahin. Eine Mittelmarkierung vereinfacht den Vorgang des »Halbierens«
des Seils. Die Mittelmarkierung muss sich genau
an der Umlenkung befinden.

Dem Totalabsturz beim Abseilen kann man aber
durch ein einfaches Mittel vorbeugen: Man macht
Knoten ins Seil. Wie sollte es anders sein, auch
dazu gibt es zwei Methoden.

Methode 1

Beide Seilenden werden zusammen verknotet.
Diese Methode hat einen Vorteil und einen Nachteil. Das Seil bekommt durch das Abseilen so genannte Krangel, dass heißt es verdreht sich wie
man es von Telefonhörerkabeln kennt. Der Vorteil
dieser Methode: Vor dem Abziehen des Seils kann
nicht vergessen werden, den Knoten zu lösen.

Methode 2

In jedes einzelne Seilende wird ein Knoten gemacht.
Auch hier gibt es Vor- und Nachteile. Die Krangel-
bildung ist wesentlich geringer, da sich die Seile in
sich selbst drehen können. Der Nachteil: Wenn
man nicht aufpasst, kann es passieren, dass man
die Seile abzieht, ohne den Knoten am Ende zu lösen. Wenn man das zu spät merkt, hat man ein
Problem.

Wer ohne Knoten im Seil abseilt, sollte sich über
das Risiko bewusst sein. Schon etliche sehr erfah-

**Mit der richtigen Grundhaltung ist das
Abseilen gar nicht mehr schwer.**

rene Kletterer sind so zu Tode gestürzt. Wer auf der sicheren Seite sein will verfährt wie folgt: Sieht man zweifelsfrei, dass beide Enden bis zum Boden reichen, seilt man ohne Knoten ab. Ist es schon aufgrund der Höhe zweifelhaft, dass das Seil bis unten reicht, macht man sicherheitshalber Knoten ins Seil. Nach welcher Methode ist dabei egal.

Blockieren des Achters

Kritische Stimmen zum Abseilachter behaupten häufig, dass man ihn nicht blockieren kann (wenn man ohne Hintersicherung abseilt). Aber das ist nicht richtig. Der Achter lässt sich sehr wohl blockieren. Dazu verfährt man wie folgt:

Aus der normalen Abseilstellung legt man das Seil vor (oder hinter, je nach Blickrichtung) den Doppelstrang, der oben in den Achter rein läuft. Mit einem leichten Ruck lässt sich das Bremsseil nun zwischen diesen Strang und den Achter ziehen. Somit ist das Bremsseil abgeklemmt und läuft nicht weiter durch. Beim Lösen verfährt man genau in umgekehrter Reihenfolge. Solange man Kontakt zum Fels hat und das Seil kurz etwas entlasten kann, ist das Blockieren kein Problem. Schwieriger kann das Ganze beim freien Hängen werden. Aber auch da ist die Prozedur mit etwas Übung gut durchführbar.

Seilt man mit einem Einfachseil ab, funktioniert diese Methode sehr gut. Kritisch wird es bei dünneren Seilen, also beim Doppel- oder Zwillingsseil. Die können langsam durchrutschen. Das passiert besonders bei neuen, imprägnierten Seilen gerne. Aber egal ob mit Einfach- oder Doppelseil, in jedem Fall sollte man zur zusätzlichen Hintersicherung die Hand am Bremsseil lassen.

Gefahren und typische Fehler

Fehler beim Abseilen zählen zu den häufigsten Unfallursachen beim Klettern. Oft ist den Leuten die Gefahr nicht so bewusst wie beim Klettern im Vorstieg, da beim Abseilen das Seil ja immer von

oben kommt. Auch gibt es immer öfter Abseilaktionen als Teil eines Abenteuerwochenendes. Hier hängen Leute am Seil, die null Ahnung von der Materie haben. Leider gilt dasselbe oft auch für die Instruktoren.

Im Folgenden sind nur Fehler beschrieben, die direkte, gravierende Auswirkungen haben. Wenn jemand beim Fädeln das Seil fallen lässt, ist das zwar peinlich, aber in aller Regel wird sich eine unkomplizierte Lösung aus der Misere finden.

Sturz des Abseilenden von ganz oben auf den Boden

Der Abseilende stürzt noch vor dem Beginn des eigentlichen Abseilvorgangs frei zu Boden. Er hat entweder den Achter nicht oder nicht richtig in den Karabiner eingehängt oder er hatte beim Hantieren an der Abseilstelle keine Selbstsicherung.

Vorbeugung:
Kurzprusik so kurz machen, das sie nicht bis in
den Achter reicht. Lose Bekleidung fixieren. Lange
Haare zum Pferdeschwanz binden.

Der erste Abseilende stürzt auf den Boden

Der Erste an einer Abseilstelle seilt in unbekanntes
Gelände ab. Irgendwann stürzt er ungebremst bis
zum Einstieg. Das Seil war zu kurz, die Enden
nicht gesichert und er hat nicht aufgepasst.
Vorbeugung:
Wenn man nicht definitiv weiß, dass beide Enden
bis zum Boden reichen, immer Knoten in die Seilenden machen.

Vorbeugung:
Immer eine Selbstsicherung benutzen, die erst
ausgehängt wird, wenn der Achter im Gurt und am
Seil fixiert ist.

Ungebremstes Abgleiten des Abseilenden am Seil

Der Abseilende hat den Achter richtig eingehängt
und rutscht dann aber ungebremst am Seil hinunter, weil er beide Hände verkrampft oben am Seil
hält. Üble Verbrennungen an den Händen sind die
Folge.
Vorbeugung:
Immer eine Hintersicherung benutzen.

Der Abseilende bleibt hängen

Der Abseilende hat mit dem Abseilvorgang begonnen, bleibt aber irgendwann hängen und kommt
nicht weiter. Irgendetwas (die Kurzprusik, das
Hemd, die Haare …) haben sich in den Abseilachter gezogen und blockieren ihn.

Schmerzhaft: Verhängen der Haare im
Abseilachter

Seil reißt beim Umlenken im Haken auf

Der Kletterer lenkt in einem Bohrhaken (Flachstahl) um und wird von seinem Sichernden abgelassen. Dabei reißt der Mantel des Seils auf.

Vorbeugung:

Nie an einem Flachstahlhaken ablassen. In diesem Fall abseilen oder notfalls einen Karabiner opfern. Das ist in jedem Fall besser als einen Sturz zu riskieren.

Kletterer stürzt von der Umlenkung auf den Boden

Der Kletterer erreicht die Umlenkung und fixiert sich dort oder er hält sich auch nur kurz mit der Hand an der Umlenkung und ruft »Stand«. Der Sichernde nimmt den Kletterer aus der Sicherung (weil kein Zug am Seil war) oder weil er ein falsches Seilkommando bekommen hat. Der Kletterer setzt sich im Glauben noch gesichert zu sein ins Seil und stürzt bis zum Einstieg. Nach diesem Muster sind schon etliche (!) Unfälle passiert.

Vorbeugung:

Die Kletterpartner sollten klare Seilkommandos miteinander abmachen und sich diese auch angewöhnen. Der Sichernde nimmt den Kletternden erst dann aus der Sicherung, wenn dieser das (genervt) mehrmals gefordert hat. Sonst nie! Der Kletterer vergewissert sich (auch optisch), dass er noch gesichert ist und wartet auf den Zug am Seil als Zeichen dafür, dass der Sichernde bereit ist zum Ablassen. Will man abgelassen werden, benutzt man **nie** das Kommando »Stand«.

Abseilender stürzt samt Seil ungebremst bis zum Boden

Der Abeilende stürzt samt Seil (und Sicherung) beim Abseilvorgang bis zum Boden. Der Abseilpunkt ist ausgerissen oder hat sonst irgendwie versagt.

Vorbeugung:

Beim Abseilen nur an hundertprozentigen Fixpunkten sichern und nicht an irgendwelchen windigen Haken.

Tipp

Egal ob beim Fädeln oder beim Abseilen: Bevor die Selbstsicherung gelöst wird, sollte immer überprüft werden, ob das Seil richtig durch den Haken läuft, ob der Knoten korrekt geknüpft ist und ob die Enden bis auf den Boden reichen (beim Abseilen).

Beim Fädeln und beim Ablassen ist es zudem ratsam, den Sichernden mit klaren und verständlichen Kommandos davon zu unterrichten, was man als Nächstes vorhat und man sollte – soweit das möglich ist – optisch kontrollieren, ob dieser auch noch korrekt sichert.

Mehrseillängen-Routen und alpines Klettern

Heutzutage fängt so gut wie jeder Kletterer seine Karriere mit kurzen Routen an. Entweder in der Kletterhalle oder aber im Klettergarten. Zumindest sind die Routen nie länger als 20 bis 25 Meter. Viele bleiben auch bei diesen kurzen Routen. Sie haben Spaß an der Bewegung, Freude am Draußensein. Aber so manch einen lockt dann doch das Abenteuer, das richtige, das große Klettern, mehr als nur ein paar Meter über dem Boden. Vor einer mehrere hundert Meter hohen Wand zu stehen, die man in den nächsten Stunden durchsteigen will, ist ein manchmal beklemmendes, oft aber auch ein faszinierendes Erlebnis. Dass man bei den Routenbezeichnungen häufig auf berühmte Namen der Bergsteigergeschichte wie Preuß, Dülfer, Comici, Messner und andere trifft, ist für manch einen vielleicht ein ganz besonderer Reiz.

Beim alpinen Klettern spielen die Nerven eine wichtigere Rolle als im Klettergarten. Die Höhe und Ausgesetztheit ist nicht jedermanns Sache. So manch ein eingefleischter extremer Sportkletterer hat schon in leichtem alpinem Gelände, das klettertechnisch für ihn keine große Herausforderung gewesen wäre, mit flatternden Nerven aufgegeben. Aber man kann sich auch an die Höhe gewöhnen. Man muss nur wissen, ob man sich das antun will. Das Spektrum der Mehrseillängen-Routen ist riesengroß: von der sportklettermäßig abgesicherten Zwei-Seillängen-Tour im alpinen Ambiente über die an einige Stellen mit Bohrhaken versehenen acht Seillängen im Allgäu bis hin zu den superlangen (30 Seillängen und mehr) Klassikern, die durch die Nordwände von Civetta & Co ziehen, in denen man aber außer ein paar geschlagenen Haken und Holzkeilen der Erstbegeher nichts findet, zumindest nichts an Sicherungsmitteln.

Wir wollen uns im Folgenden auf die Routen beschränken, die zumindest halbwegs abgesichert sind. Das heißt, dass man einen mehr oder weniger eingerichteten Standplatz und hier und da einen Haken vorfindet. Alles was darüber hinaus geht, überlassen wir den Spezialisten und Bergführern.

Das Erlebnis einer alpinen Tour ist oftmals um vieles intensiver als das beim Sportklettern. Hier spielen viel mehr Faktoren eine Rolle, die bei der Planung zu berücksichtigen sind.

Tourenplanung

Die bisherige Planung begrenzte sich auf einige wenige Punkte. Hat man beim Klettern im Klettergarten etwas vergessen oder falsch eingeschätzt, sind die Folgen in der Regel nicht tragisch. Das sieht bei alpinen Routen schnell anders aus. Deswegen kommt der Tourenplanung auch eine zentrale Rolle zu. Das geht bei der Auswahl des Gebietes los und setzt sich bei der Route mit all ihren Besonderheiten fort.

Tourenplanung

- Wo bekomme ich Infos?
- Welches Gebiet eignet sich?
- Welche Tour, wie schwer, wie lang, wie ist die Absicherung?
- Wie ist der Zustieg?
- Wie ist der Einstieg zu finden?
- Ist der Routenverlauf problematisch?
- Sind vielleicht viele andere Kletterer unterwegs?
- Gibt es Hütten, wenn ja, haben sie geöffnet?
- Was brauchen wir an Material?
- Was gibt es für Besonderheiten?
- Wie ist der Abstieg?
- Gibt es Fluchtmöglichkeiten? Wenn ja, wo?
- Wie soll das Wetter werden?

Auswahl des Gebietes

Die Auswahl des Gebietes hängt von der Zeit ab, die zur Verfügung steht, und der Art der Kletterei sowie der Absicherung in diesem Gebiet. Alle diese Informationen stehen in einem Führer, wenn es den gibt. Verlässt man sich lediglich auf »sonstige« Quellen, müssen diese sehr zuverlässig sein.

Routenwahl

Für den Anfang sollte man kürzere Routen auswählen. Die Absicherung der Route, das Handling am Standplatz, all das braucht seine Zeit. Da kön-

nen auch Vier-Seillängen-Routen zu einer echten Unternehmung werden. Und wenn man keine Erfahrung hat, ist die Zeit nicht oder nur sehr vage kalkulierbar. Auch Führerangaben gegenüber gilt immer etwas Skepsis.

Man sucht sich tunlichst eine Route deutlich unter dem Schwierigkeitsgrad aus (zwei Grade), den man in der Halle oder im Klettergarten klettert. Läuft die gut, kann man danach immer noch eine schwerere Route angehen.

Auch die Absicherung sollte für den Anfang so gut wie möglich sein. Es gibt inzwischen viele Gebiete, in denen auch lange Touren gut bis sehr gut mit Bohr- oder Klebehaken gesichert sind.

Zustieg

Ist der Zustieg für die Tour angemessen? Oder nimmt der Zustieg mehr Zeit in Anspruch als die eigentliche Klettertour? Man sollte sich sicher sein, dass man nach dem Zustieg – mit der Kletterausrüstung! – noch fit genug ist, die Tour zu klettern und dass die Zeit noch reicht.

Auch das Finden der Route kann sich problematisch gestalten. Besonders die letzten Meter zu den Touren (abseits der Wanderwege oder Hüttenzustiege) sind häufig schwer zu finden.

Einstieg, Routenverlauf

Schon den Einstieg zu finden kann sich als Crux der Tour entpuppen. Was von weitem noch klar scheint, kann zum Problem werden, wenn man direkt am Fels steht. Am besten sucht man sich von weitem einen markanten Punkt, den man ansteuert. In eine falsche Tour einzusteigen, kann zu ernsthaften Problemen führen (Absicherung, Schwierigkeitsgrad, Verlauf …)

Auch über den weiteren Verlauf der Tour sollte man sich Gedanken machen. Ist die Route gut zu finden, z. B. durch regelmäßige (gleiche) Haken. Oder gibt es heikle Stellen oder Verhauer? Gerade im mäßigen Schwierigkeitsgrad ist dies ein nicht zu unterschätzendes Problem, da es oft keine klare oder logische Routenführung gibt. Infos hierzu findet man im Führer.

Nur selten findet man solche eindeutigen Markierungen zum Routenverlauf.

Andere Kletterer

Sind andere Kletterer in der Route zu erwarten? Ist es eine Modetour oder eine eher selten begangene Tour? Wenn andere Kletterer da sind, hat das den Vorteil, dass diese eventuell bei der Routenfindung helfen können und auch sonstige Tipps haben. Der Nachteil ist jedoch, dass sich die Steinschlaggefahr erhöht und dass es eventuell zu Wartezeiten in der Route kommen kann. Es ist daher immer gut, wenn man eine Ausweichroute eingeplant hat.

Hütten

Gibt es in der Nähe der Tour oder auf dem Abstieg eine Hütte, die man zur Einkehr (oder zum Schutz bei schlechtem Wetter) einplanen kann? Wenn ja, hat sie auch geöffnet oder steht man vor verschlossenen Türen? Gibt es notfalls einen Winterraum, der geöffnet ist? Das sind Infos, die man vor Antritt der Tour haben sollte.

Ausrüstung

Was brauche ich für die Tour an Material? Im Führer sind häufig wertvolle Informationen enthalten. Sind Klemmkeile nötig? Wenn ja, welche Größen? Hier das richtige Maß zu finden, ist nicht ganz einfach. Mehr Material kann sehr hilfreich sein, behindert aber beim Zustieg und in der Kletterei. Weniger Material kann bei der Absicherung zu einem Problem werden, dafür ist man leichter und schneller unterwegs. Hier hilft einem nur die Erfahrung. Was neben der spezifischen Kletterausrüstung noch dabei sein sollte:

- Verpflegung
- Wetterschutz
- warme Bekleidung
- eventuell Wechselwäsche
- Handschuhe und Mütze
- Erste-Hilfe-Päckchen
- Biwaksack
- Handy.

Auch diese »Kleinigkeiten« können über Erfolg oder Misserfolg einer Tour entscheiden.

Besonderheiten

Hat die Tour irgendwelche Besonderheiten? Gibt es Passagen, die man seilfrei gehen kann, lange Quergänge, nasse Kamine ...? Das sind wichtige Informationen, denn z. B. Quergänge sind für weniger erfahrene Seilschaften oft eine schwierige Geschichte.

Abstieg

Ist die Route geklettert, befindet man sich am weitesten von seinem Ausgangspunkt entfernt. Deshalb ist die Tour noch lange nicht gelungen. Es kann noch viel passieren. Der Abstieg ist oft kritischer als irgendwelche Routen, weil er schwierig zu finden und nicht gesichert ist. Auch Abseilen über die Route oder über eine Abseilpiste hat so ihre Tücken (siehe Kapitel Abseilen). Deshalb muss bereits vor dem Einstieg in die Tour klar sein, wie man wieder runter kommt. Und in aller Regel

ist es besser, am geplanten Abstieg festzuhalten, auch wenn andere Abstiege verlockender, kürzer, einfacher aussehen. Abkürzer enden häufig im Gegenteil!

Fluchtmöglichkeit

Eine wichtige Information – zumindest für lange Routen – sind eventuelle Fluchtmöglichkeiten. Führt ein Band aus der Wand heraus auf die andere Seite des Berges, wo man auf den Weg trifft? Gibt es eine Schlucht, durch die man absteigen kann? Kann man bei ungünstigen Bedingungen oder bei Zeitnot vielleicht in eine leichtere Route wechseln? Auch diese Infos liefern in aller Regel die Führer.

Wetter

Die Route ist geplant, alles passt. Aber wie wird das Wetter? Ist die Vorhersage zweifelhaft, sollte man die Tour am besten verschieben. Aufgeschoben ist nicht aufgehoben. Aber selbst wenn das Wetter gut angesagt ist, sollte man das Wetter den ganzen Tag über im Auge haben. Besonders Gewitter sind im Sommer eine potenzielle Gefahr und können in einer Wand höchst unangenehm und gefährlich werden.

Ausrüstung

Für Mehrseillängen-Routen oder alpine Klettereien braucht man mehr Material. Klettert man komplett mit Bohrhaken gesicherte Touren, hält sich der Materialaufwand in Grenzen. Klettert man aber Routen, die hier und da selbst abzusichern sind, muss man schon deutlich mehr Material mitnehmen. Neben der Ausrüstung, die wir vom Klettern aus dem Klettergarten haben (Schuhe, Gurt, Expressen, Schraubkarabiner, Schlingen, Helm etc.), brauchen wir vor allem Material, um die Route abzusichern. Davon ausgehend, dass wir keine ganz »cleane« Route klettern, sondern eine Tour, die zumindest an den Ständen über ordentliche Haken verfügt, gehen wir hier auf Hammer und Haken sowie einige spezielle Ausrüstungsgegenstände nicht ein.

Schlingen

Schlingen wiegen nicht viel, sind recht preiswert und helfen häufig weiter. Deshalb sollte eine gute Auswahl an Schlingen dabei sein. Ein Sortiment von vier bis sechs langen Schlingen (120 cm Gebrauchslänge) und zwei bis vier kurzen Schlingen (60 cm Gebrauchslänge) ist für die meisten Fälle ausreichend. Es empfiehlt sich, zwei (alte) Schlingen dabei zu haben, die man auch gerne opfert (hängen lässt), wenn es einmal nötig ist.

oben: Ein gut sortiertes Set Keile
links: Lange Schlingen werden doppelt genommen über die Schulter gehängt.

Pat und Pattachon: Mini-Friend und großer Oschi für schmale und breite Risse

Keile

Die Auswahl an Keilen ist riesengroß, man kann ohne Probleme ein halbes Vermögen dafür ausgeben. Das ist aber nicht nötig. Ein sorgfältig zusammengestelltes Sortiment hilft in den meisten Situationen. Nötig sind acht bis zehn Stopper. Dabei kann man auf die ganz kleinen verzichten. Die sind oft schwierig zu legen und halten keinen Stürzen stand, sondern sind für die Fortbewegung beim technischen Klettern gedacht. Lieber hat man die gängigen Größen doppelt. Ob man sich ganz große Keile auch an den Gurt hängen soll, ist fraglich. Sinnvoll sind die Größen 1 bis 8.

Friends

Friends sind aufwändige Klemmgeräte, die ursprünglich für Risse im Granit entwickelt wurden. Da haben sie auch heute noch ihren Haupteinsatzbereich. Allerdings sind sie auch im Kalk oft sehr gut einsetzbar. Bei Friends sollte man besonders sorgfältig auswählen, alleine schon aus finanziellen Gründen, kostet doch so ein Klemmgerät 50 bis 80 Euro. Ein Sortiment von fünf Friends ist für die meisten Fälle ausreichend. Viel gebraucht werden die Größen 1,5 bis 3,5.

Seil

Waren wir bisher nur mit einem Seilstrang (Einfachseil, Markierung ①) unterwegs, sind für lange Routen Halbseile (Markierung ½) oder Zwillingsseile (Markierung ⓪) angebracht. Das heißt, dass wir nun nicht mehr mit einem dicken (+/- 10,5 mm Durchmesser), sondern mit zwei dünnen Seilen (7 bis 9 mm Durchmesser) klettern. Das bringt mehrere Vorteile. Zum einen hat man die komplette Abseillänge, das heißt, man kann je nach Seillänge 50 bis 60 Meter in einem Rutsch abseilen (siehe Kapitel Abseilen). Zudem ist es ein Plus an Sicherheit, besonders bei Stürzen über Kanten und bei Steinschlag. Wird durch Steinschlag ein Seil gekappt, ist

man immer noch mit dem zweiten Seilstrang gesichert.

Der Unterschied zwischen einem Zwillingsseil und einem Halbseil ist in der Praxis der, dass an einem einzelnen Halbseilstrang je ein Kletterer nachsteigen kann. Man kann also in einer Dreierseilschaft klettern. An Zwillingsseilen, die ein wenig dünner sind als Halbseile, muss der Nachsteiger in beide Stränge eingebunden sein. Es kann also, wie beim Einfachseil, nur in Zweierseilschaft geklettert werden.

Die spezielle Halbseiltechnik, wie sie in England häufig angewandt wird, ist bei uns kaum üblich.

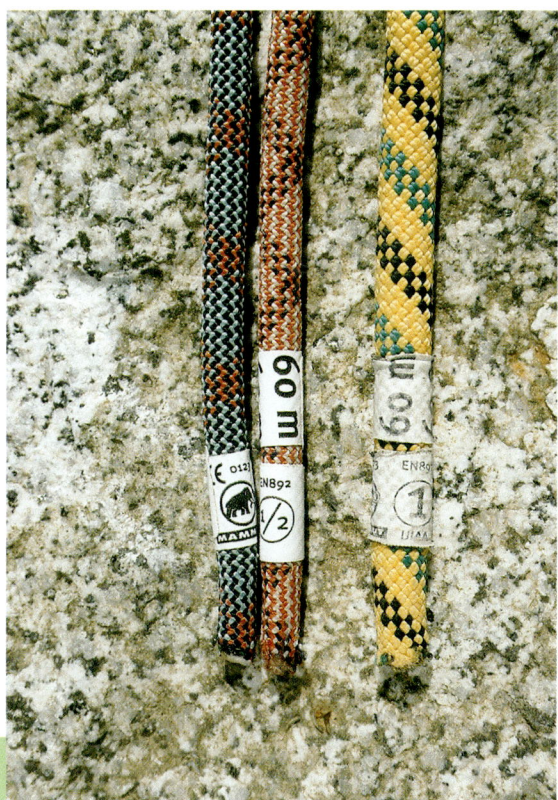

Halbseile (links) und Einfachseil (rechts)

Schuhe

Da längere Routen auch länger dauern, ist es nicht sinnvoll, superenge Kletterschuhe zu wählen. Man hat sie schließlich mehrere Stunden an. Damit sich aber trotzdem noch eine gute Kantenfestigkeit ergibt, sollten die Kletterschuhe etwas steifer sein als es für den Klettergarten notwendig ist. Günstig sind auch Schuhe, die sich schnell an- und ausziehen lassen. So kann man am Standplatz schnell mal aus den Schuhen schlüpfen. Aber Vorsicht: Auch Schuhe folgen der Schwerkraft.

Gurt

Wer bisher im Klettergarten nur mit Hüftsitzgurt geklettert ist, sollte sich spätestens jetzt einen Brustgurt zulegen und diesen mit dem Sitzgurt kombinieren. Weite, unkontrollierte Stürze und der Rucksack am Rücken sind andere Stürze als die beim Sportklettern. Daher ist es nicht empfehlenswert, nur einen Sitzhüftgurt zu verwenden. Beim alpinen Klettern sind mehr Materialschlaufen als beim Sportklettern nötig. Optimal sind fünf Materialschlaufen, zwei auf jeder Seite und eine hinten. Auch ein Dropseat (hintere Befestigungsbänder zwischen Beinschlaufen und Hüftgurt können mit einem Handgriff geöffnet werden) ist im »Notfall«, sprich bei der Notdurft, mitunter sehr hilfreich. Man kann eingebunden bleiben, während man …

Helm

Dass beim Klettern im alpinen Gelände ein Helm auf den Kopf gehört, sollte selbstverständlich sein. Auch wenn man bisher (Klettergarten) ohne ausgekommen ist. Steinschlag und der andere Sturz-

charakter machen einen Helm im alpinen Gelände zur Pflicht. Ohne wenn und aber!

Sicherungsplatte

Wer sich selbst einen Gefallen tun will, benutzt zum Nachsichern in alpinem Gelände eine so genannte »Platte«. Ob es dann die einfache Platte (New Alp, Kong) ist oder aber eines der abgeänderten und weiterentwickelten Systeme (Salewa Guide, TRE, Petzl Reverso), muss jeder für sich entscheiden. Das TRE und die Guide haben den Vorteil, dass man auch Seil ausgeben kann beziehungsweise den Kletterer (unter Zug) ablassen kann, was bei den anderen Systemen nicht so ohne weiteres möglich ist. Zu den genauen Einsatzmöglichkeiten und zur Handhabung kommen wir noch im Kapitel Nachsichern.

Einbinden

Auch im Gebirge sieht man immer mehr Leute, die nur mit Hüftsitzgurt klettern. Allerdings muss man unterscheiden zwischen alpinen Sportkletterein, die gut abgesichert sind und Routen mit alpinem Charakter. Ich kenne keine alpine Route im Bereich des vierten und fünften Schwierigkeitsgrades, die so abgesichert ist, dass man keinen Brustgurt braucht.

Neben der Absicherung sprechen zwei weitere Faktoren für einen Brustgurt: Das Gelände ist oft strukturiert und gestuft, ein Sturz würde nie ein freier Fall sein, sondern immer auch den einen oder anderen Kontakt mit der Wand mit sich bringen. So ein Sturz verläuft immer unkontrolliert. Daher ist ein Brustgurt sehr empfehlenswert. Zudem ist häufig ein Rucksack dabei. Der verlagert den Schwerpunkt weiter nach oben. Deswegen kann man nur jedem raten, im alpinen Gelände einen Brustgurt zu tragen.

Die Verbindung von Brust- und Hüftgurt geschieht mit offenem Bandmaterial. Das Band wird durch die Anseilschlaufe des Hüftgurtes gezogen und

Verschieden: Sicherungsplatte von Salewa (blau) und von Kong

Richtiges Einbinden mit Brustgurt

halbiert. Dann macht man einen Sackstich etwas oberhalb des Bauchnabels. Nun fädelt man das eine Ende des Bandes von links in den Brustgurt, das andere von rechts. Die beiden Enden werden nun mittels Sackstich verbunden. Dabei ist darauf zu achten, dass die Enden lang genug sind (mindestens zehn Zentimeter).

Durch das Band ist eine Acht entstanden. An dem unteren Sackstich seilt man sich nun so ein, dass das Seil sowohl durch die obere Schleife der Acht als auch durch die untere läuft. Bei einem Doppel- oder Zwillingsseil bindet man sich in beide Seile einzeln ein. Zum Einbinden selbst verwendet man entweder denselben Knoten, den man auch beim Klettern im Klettergarten verwendet oder man nimmt den Sackstich. Der ist der kleinste Knoten und deshalb hier recht komfortabel.

Seilkommandos

Im Klettergarten ist die Entfernung der Kletterer voneinander nicht so weit, die Aktionen wiederholen sich immer wieder und es sind nur wenige Seilkommandos zur Verständigung nötig.

Das ist beim alpinen Klettern anders. Sicherlich kehren auch hier die einzelnen Situationen immer wieder, aber zur Verständigung sind eindeutige Seilkommandos wichtig.

Seilkommandos

Aktion	Seilkommando
Kletterer klettert los	

Optional:

Kletterer hat ca. die Hälfte des Seils ausgegangen	→ halbes Seil (Sichernder)
Kletterer hat noch ca. 10 Meter Seil	→ noch 10 Meter (Sichernder)

Standard:

Kletterer erreicht Stand und sichert sich	→ Stand (Kletterer)
Sichernder löste die Kameradensicherung	→ Seil ein (Sichernder)
Kein Restseil mehr beim Sichernden	→ Seil aus (Sichernder)
Kletterer nimmt Restseil ein und baut Kameradensicherung	→ Nachkommen (Kletterer)
Sichernder löst die Selbstsicherung und baut den Stand ab	→ Komme (Sichernder)

Manchmal ist die Verständigung im alpinen Gelände sehr schwierig. Ist der Kletterer um eine Ecke verschwunden oder herrscht starker Wind, kann es sein, dass man sich gar nicht verständigen kann. Aber auch für diesen Fall gibt es die Möglichkeit, sein Tun dem anderen mitzuteilen. Besonders mit einem Halb- oder Zwillingsseil geht das recht gut. Zwar entfallen dann die Kommandos »halbes Seil« oder »noch 10 Meter«, aber die wichtigen Kommandos wie »Stand« und »Nachkommen« können übermittelt werden. Dazu verfährt man wie folgt:

Die Selbstsicherung für den Vorsteiger wird nur an einem der beiden Seilstränge gemacht, aber immer an demselben Seil (z. B. an dem roten). Der untere Sichernde bemerkt, dass nur ein Seil eingenommen wird (für den Standplatzbau). Nun macht der Vorsteiger die Platte bereit und fängt an, wieder beide Seile einzuziehen. Das ist für den unteren das Kommando, die Kameradensicherung zu lösen. Ist das Seil aus (der Obere kann kein Seil mehr einziehen) baut der Sichernde sofort die Kameradensicherung auf. Der Untere wartet nachdem das Seil aus ist eine Zeit und löst dann den Stand auf. Vor dem Losklettern vergewissert es sich, dass das Seil »stramm« ist.
Erst dann klettert er los.

Standplatz

Der Standplatz – oder kurz Stand – ist die Lebensversicherung der Seilschaft. Hat der Ausbruch einer Zwischensicherung meist keine tödlichen Folgen, so endet das Versagen des Standes fast immer tödlich. Dementsprechend wichtig ist der Standplatz beim Klettern von Mehrseillängen-Routen.

Der Stand muss im Gegensatz zur Zwischensicherung bei Zug nach oben und unten halten. Stürzt der nachsteigende Kletterer (NS), wird der Standplatz nach unten belastet. Stürzt der vorsteigende Kletterer (VS) nach der ersten Zwischensicherung, wird der Standplatz nach oben belastet. Ein Standplatz kann aus einem Fixpunkt (großer Klebehaken), aus zwei Fixpunkten (Bohrhaken oder normale Klebehaken) oder aus mehreren Fixpunkten bestehen (ein Bohrhaken mit weiteren Normalhaken, mehrere Normalhaken, Normalhaken mit Klemmkeilen etc.). Alles ist zugelassen, Hauptsache es hält.

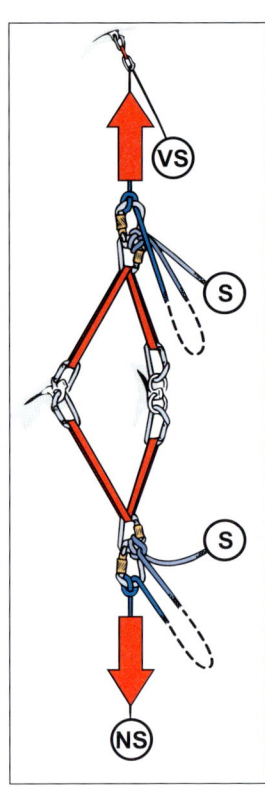

Selbstsicherung

Die Selbstsicherung am Stand geschieht sinnvollerweise mit dem Mastwurf. Der Mastwurf hat den riesigen Vorteil, dass man ihn in der Länge variieren kann, ohne ihn aufzumachen. Man kann sich die Standplatzsicherung so bereiten, wie es die Gegebenheiten verlangen. Wer sich mit einer Schlinge selbst sichert, hat diese Möglichkeit nicht. Die Karabiner, die man zur Selbstsicherung benutzt, sind grundsätzlich Schraubkarabiner.

Stand an einem Fixpunkt

Der einfachste Fall am Standplatz ist der, dass man einen groß dimensionierten Klebehaken hat. Hier ist das Handling recht einfach und man braucht kaum Zeit zum Einrichten des Standes. Der Vorsteiger erreicht den Stand und klinkt die

vorbereitete Platte mittels Schraubkarabiner in den Haken. Am unteren Ende der Platte hängt ein zweiter Schraubkarabiner, in den der Mastwurf gemacht wird. Stand! Nun muss man zum Nachsichern nur noch das Seil in die Platte einlegen und schon ist die Kameradensicherung fertig. Eine Sache von wenigen Sekunden. Natürlich funktioniert das ganze bei Verwendung der HMS zum Nachsichern genauso.

Stand an zwei Fixpunkten

Etwas aufwändiger ist es, wenn am Stand zwei Fixpunkte sind. Diese zwei müssen sinnvoll miteinander verbunden werden. Dazu gibt es zwei Möglichkeiten:

Kräftedreieck

Das Kräftedreieck dient dazu, die Last möglichst gleich auf zwei Fixpunkte zu verteilen. Dazu wird in jeden Fixpunkt ein einfacher Karabiner eingehängt

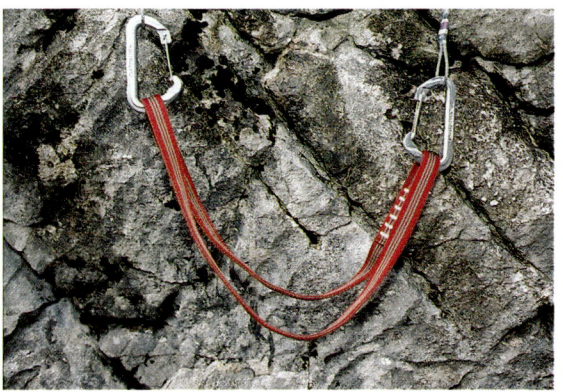

Standplatzsicherung mit der HMS an einem Fixpunkt, im oberen Karabiner hängt mit Mastwurfknoten die Selbstsicherung, im unteren Karabiner wird der Nachsteiger mit HMS gesichert.

Aufbau eines Kräftedreiecks

und in den Karabiner wird ein Schenkel einer Bandschlinge geklinkt. Jetzt wird der obere Strang der Bandschlinge genommen und einmal verdreht und dann mit dem unteren zusammen in einen Karabiner geklinkt. Das Verdrehen dient dazu, dass bei Ausbruch eines Fixpunktes der eingeklinkte Karabiner noch in der Bandschlinge hängt.

Der eingeklinkte Karabiner ist unser Zentralpunkt. In diesen wird die Selbstsicherung und die Kameradensicherung eingehängt. Beim Bau des Kräftedreiecks sollte man darauf achten, dass der Winkel der Bandschlinge zwischen den beiden Haken möglichst kleiner als 60 Grad ist. Ist er größer, wird der Vorteil des Kräftedreiecks verspielt (Lastverteilung). Bei 120 Grad wirken 100 Prozent auf beide Fixpunkte. Das Kräftedreieck wird heute vorwiegend bei Klemmkeilständen oder bei Ständen an zwei oder mehreren geschlagenen Haken eingesetzt.

Reihenschaltung

Sind zwei gute Fixpunkte vorhanden (zwei Bohrhaken) oder ein sehr guter und ein eher schlechter (ein Bohrhaken und ein geschlagener Haken), bedient man sich besser der Reihenschaltung. Dabei wird die Last gezielt auf einen der Fixpunkte gelegt, während der andere als Hintersicherung dient. Benutzt man die Reihenschaltung, sollte man wissen, ob in Wechselführung geklettert wird oder ob immer derselbe vorsteigt.

Für die Reihenschaltung wird auch in jeden der beiden Fixpunkte ein Karabiner geklinkt. Baut man die Reihenschaltung mit dem Kletterseil (nur bei Wechselführung möglich, sonst muss der ganze Stand umgebaut werden!), macht man einen Mastwurf in den Karabiner des unteren (näheren) der

Reihenschaltung mit Bandschlinge

beiden Fixpunkte. Das ist die Selbstsicherung. Nun verbindet man mit dem Seil die beiden Haken, indem man auch in den anderen (oberen) Karabiner einen Mastwurf macht. Je nach Länge des Seils zwischen den beiden Haken kann die Last entweder auf den oberen (strammes Seil) oder auf den unteren (nicht strammes Seil) der beiden Fixpunkte gelegt werden. Der untere Karabiner ist unser Zentralpunkt, in den nun die Kameradensicherung eingehängt wird, und zwar auf der Seite des Karabiners, wo sich nicht der Schnapper befindet.

Baut man die Reihenschaltung mit einer Bandschlinge, ist man unabhängig davon, wer als Nächstes vorsteigt. Deshalb sollte man diese Methode vorziehen, wenn sie durchführbar ist. Nur bei sehr weiten Hakenabständen reichen Schlingen meist nicht.

Im Prinzip verfährt man ähnlich wie beim ersten Modell, nur dass die Verbindung nicht mittels Seil, sondern mittels Bandschlinge geschieht. Der Kletterer hängt in den unteren Haken einen Karabiner und knotet eine Schlinge ab. Dann hängt er in diese Schlinge einen Schraubkarabiner, in den er seine Selbstsicherung (Mastwurf) macht. Nun hängt er auch in den zweiten Fixpunkt einen Karabiner und führt die Bandschlinge vom ersten zum zweiten Fixpunkt. In den zweiten Karabiner macht er wieder einen Mastwurf. Auch hier kann er die

Reihenschaltung mit Kletterseil

Last sehr gut auf einen der beiden Haken verteilen, je nach Länge der Schlinge.

Sicherung am Standplatz

Sicherung des Nachsteigers

Zur Sicherung des Nachsteigers dient bei Mehr-
seillängentouren, wie schon bei der Ausrüstung
erwähnt, die Platte. Für Minimalisten bietet sich
die Guide von Salewa oder die Platte von Kong an,
für Leute, die etwas mehr Technik wollen das TRE.
Der Vorteil des Plattenprinzips ist der, dass die
Sicherung bei Belastung von alleine blockiert. Der
Sichernde muss nichts tun. Das Handling ist ein-
fach, die Bedienung auch. Hängt man das Seil
falsch ein, kann man es nicht einnehmen. Eine
Fehlbedienung ist somit fast ausgeschlossen.
Der Nachteil der Platte: Sie kann nur zum Nach-
sichern benutzt werden (außer das TRE). Ist der
Nachsteiger am Stand und will weiter vorsteigen
(Wechselführung), muss man auch die Sicherung
wechseln und auf ein anderes System umsteigen.
Bleibt der Nachsteiger am Stand, kann man die
Platte allerdings gut als Selbstsicherung benutzen.
Zur Sicherheit macht man aber einen Sackstich
unter die Platte, sodass das Seil spätestens am
Knoten hängen bleibt.
Der Vorteil der beiden Systeme von Salewa und
TRE ist der, dass man damit auch Seil ausgeben
kann, während das mit den anderen nicht geht.
Außerdem kann man mit beiden sehr gut abseilen.
Somit muss man keine separaten Abseilachter mitnehmen.
Außerdem liegen die beiden Seilstränge des Halb-
oder Zwillingsseils separat in einem Schlitz und
können somit sehr gut einzeln bedient werden. Daher eignet sie sich auch ganz hervorragend, um
zwei Personen an Halbseilen nachzusichern. Auch
wenn sie unterschiedlich schnell klettern, kann
jeder perfekt gesichert werden. Man kann ja
immer wieder eines der beiden Seile (oder beide)
loslassen.

**Einfach einzulegen und zu bedienen: das
Seil in die Sicherungsplatte**

Die Sicherung für den Nachsteiger wird entweder
am Fixpunkt (im Haken) oder am Zentralpunkt
eingehängt. Eine Sicherung über den Körper ist
nicht sinnvoll und schwierig zu bedienen.
Wird mit einem Einfachseil geklettert, kann man
ebenso gut die HMS benutzen. Sie ist eine sehr
universelle Sicherung und muss bei Wechselführung nicht umgebaut werden.
Zum Nachsichern am Stand darf man nicht die
Tube (z. B. ATC) oder den Achter nehmen, denn
hier wirkt lediglich eine Karabinerknicksicherung
(das Seil läuft einmal um den Karabiner), darüber
hinaus gibt es keine Bremswirkung. Vorsicht!

Sicherung des Vorsteigers vom Stand

Hier haben neuere Untersuchungen der DAV-Si-
cherheitsforschung einen grundlegenden Wandel
gebracht. Die Sicherung des Vorsteigers über das
Kräftedreieck ist nicht das Nonplusultra, als das es
bisher häufig dargestellt wurde. Und zwar aus fol-
gendem Grund: Bei einem normalen Standplatz
steht der Sichernde so, dass er mit seinem Gewicht das Kräftedreieck spannt. Er lehnt sich leicht
nach hinten. Er selbst ist im Zentralpunkt fixiert.
Auch die Sicherung für den Vorsteiger hängt im
Zentralpunkt. Stürzt der Vorsteiger, wird der
Sichernde nicht hochgezogen, wie man bisher
immer glaubte, sondern er wird erst einmal zur
Wand hingezogen, da er
mit seinem Körper das
Kräftedreieck von der
Wand weg spannt. Da-
bei besteht immer die
Gefahr des harten An-
schlagens an die Wand.
Der Sichernde ist dann
versucht, sich mit den
Händen abzustützen.
Aber die Hände braucht
er gerade in diesem Fall
(Sturz) zur Sicherung.
Empfohlen werden jetzt
drei Methoden:
Fixpunktsicherung
Die Sicherung des Vor-
steigers erfolgt über
den Fixpunkt (siehe

Bild S. 81 unten links). Hier kann der Karabiner lediglich in der Hakenöse (oder im Zentralpunkt bei Reihenschaltung) etwas hin und her rutschen. Der Sichernde bekommt keinen Zug auf den Körper. Diese Art der Sicherung kann allerdings je nach Position des Fixpunktes etwas unangenehm von der Bedienung sein.

Sicherung am abgehängten Kräftedreieck
Der Sichernde baut das Kräftedreieck auf und sichert sich selbst im Zentralpunkt. Er hält seine Selbstsicherung aber sehr lang (etwa 1,5 bis 2 Meter) und hängt sich in diese lange Selbstsicherung (deswegen »abgehängtes Kräftedreieck«). Die Kameradensicherung erfolgt über Körper. Der Vorsteiger klettert los und klinkt in den Zentralpunkt des Kräftedreiecks die erste Expresse. Erfolgt unter diesen Bedingungen ein Sturz, wird der Sichernde nach oben gezogen, nicht aber zum Fels. Der Reflex sich abzustützen erfolgt erst gar nicht. Das Handling der Sicherung über den Kör-

per erfolgt genau so, wie man es vom Sportklettern aus dem Klettergarten kennt. Natürlich gilt genau wie beim Sportklettern: Der Sichernde darf nicht viel leichter sein als der Vorsteiger (Gewichtsunterschied < 15 Kilo) und der Weg nach oben muss frei sein, sprich der Stand darf sich nicht unter einem Überhang befinden.

Aber auch dieses System hat Nachteile. Bisher sind die Standplätze meist so eingerichtet, dass der Sichernde mehr oder weniger bequem auf einem Band oder Absatz stehen kann. Sichert man nach dem neuen System, muss man sich dann aber deutlich unter das Band in einen Hängestand (Hängen im Gurt) begeben.

Nach unten abgebundenes Kräftedreieck
Die dritte Möglichkeit ist die, das Kräftedreieck nach unten fest zu verspannen. Dazu ist ein Fixpunkt unterhalb des Kräftedreiecks nötig. Das kann ein Haken oder aber auch ein Klemmkeil sein, der Belastungen nach oben hält. Mittels einer

oben: Nach unten abgebundenes Kräftedreieck
links: Sicherung am abgehängten Kräftedreieck mit erster Zwischensicherung im Zentralpunkt

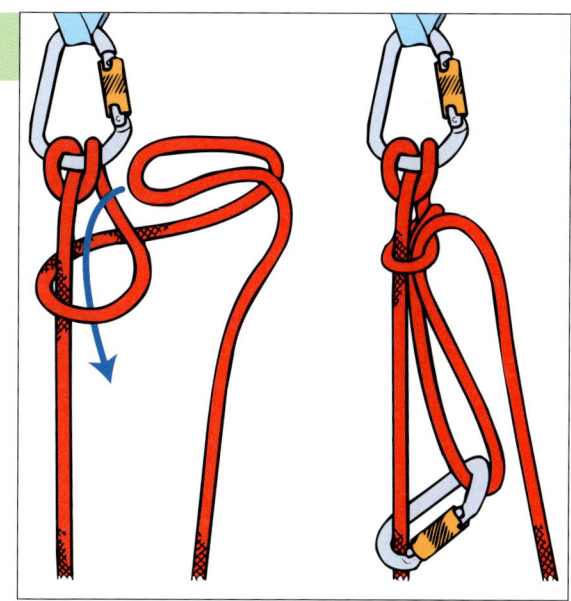

Reepschnur verspannt man nun den unteren Fixpunkt mit dem Zentralpunkt des Kräftedreiecks (mehrere Gänge mit der Reepschnur) und fixiert die Reepschnur mit einem Mastwurf in einem der beiden Karabiner.

Dadurch wird das Kräftedreieck bzw. der Zentralpunkt nicht durch den Sichernden nach außen gezogen (wenn die Verspannung stramm genug ist), also erfolgt auch kein Impuls zur Wand. Es wird allerdings schwierig sein, für jedes Kräftedreieck eine geeignete Absicherung nach unten zu finden. Bei Standplätzen mit guten Haken bietet sich daher die erste Version an. Sie hat die wenigsten Nachteile. Da die Verbindung zweier Fixpunkte durch Reihenschaltung immer beliebter wird, lassen sich diese zwei Entwicklungen ganz gut miteinander kombinieren. Allerdings sollte man in der Lage sein, Fixpunkte und ihre Festigkeit einzuschätzen. An geschlagenen Haken oder an Klemmkeilständen entfällt die Möglichkeit.

Blockieren der Sicherung

Im alpinen Gelände kann es nötig sein, die Sicherung zu blockieren. Ein möglicher Grund ist der Sturz des Vorsteigers. Der Sichernde muss in diesem Fall die Sicherung blockieren können, um nicht ständig das Seil festhalten zu müssen. Das kann unter Umständen schon nötig sein, um den Rucksack abzunehmen und mit dem Handy Hilfe anzufordern. Wenn man nicht gerade eines der selbstblockierenden Geräte benutzt (was aufgrund des hohen Fangstoßes oft nicht sinnvoll ist), muss man sich etwas einfallen lassen. Mit dem Schleifknoten lässt sich die HMS-Sicherung blockieren und – ganz wichtig – auch wieder öffnen.

Wechselführung oder Standplatzwechsel

Bei Mehrseillängen-Routen zählt immer auch der Zeitaspekt. Gerade bei richtig langen Routen muss man schon schauen, dass man voran kommt. Die schnellste Version ist sicherlich die der Wechselführung. Dabei wechseln sich die beiden Partner immer mit den zu führenden Seillängen ab. Der

Nachsteiger erreicht den Stand, lässt sich vom Sichernden das nötige Material geben, das dieser noch am Gurt hat, orientiert sich kurz und klettert weiter. Dies geht aber nur, wenn beide Partner gleich gut klettern.

Ist das nicht der Fall, klettert der bessere Kletterer zumindest die schweren Seillängen im Vorstieg. Ist das Team eingespielt, benötigt ein Standplatzwechsel nicht viel mehr Zeit als wenn man überschlagend klettert. Der Nachsteiger kommt am Stand an. Die Selbstsicherung wird mit Knoten unter die Platte gemacht. Es erfolgt die Übergabe des Materials, das der Nachsteiger noch vom letzten Stand hat und das er unterwegs eingesammelt hat. Dann nimmt der Nachsteiger und jetzige Sichernde den Kletterer in die Sicherung. Darauf löst dieser seine Selbstsicherung und zischt ab.

Vorsteigen

Beim Vorsteigen im alpinen Gelände gibt es einige Dinge zu beachten, die im Klettergarten meist nicht wichtig sind. So sollte der Kletterer möglichst bald nach dem Standplatz (zwei bis drei Meter darüber) die erste Zwischensicherung legen. Damit verhindert er, dass bei einem Sturz die hohe Kraft eines Faktor-2-Sturzes (Sturzfaktor: Sturzhöhe geteilt durch ausgegebenes Seil) auf den Stand einwirkt.

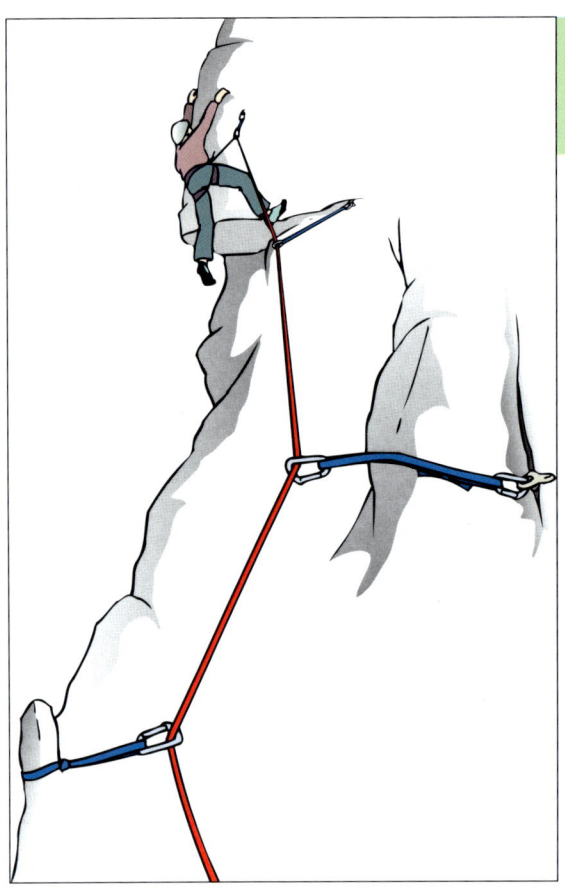

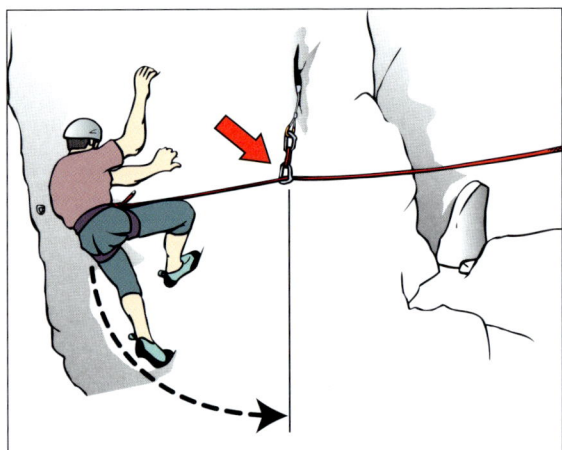

links: Begradigung des Seilverlaufs durch lange Expressen und Schlingen
unten: Pendelgefahr bei Quergängen

Im weiteren Verlauf sollte er in regelmäßigem Abstand Zwischensicherungen legen. Auch wenn er sich sehr sicher fühlt! Denn die Sicherungen sind nicht nur für ihn, sondern auch für den Nachsteiger da. Sie dienen gerade in leichterem Gelände auch zur Orientierung. Zudem sollte der Vorsteiger darauf achten, dass das Seil möglichst nicht um Kanten oder Ecken läuft. Lange Expressen oder Schlingen mit Karabinern begradigen dabei den Seilverlauf.

Ist die Route nicht mit eingerichteten Standplätzen versehen, sollte man sich spätestens nach dem Kommando »halbes Seil« nach einem geeigneten Standplatz umschauen. Es geht viel schneller, eine kürzere Seillänge zu klettern und schnell einen Standplatz eingerichtet zu haben als am Seilende ewig zu basteln, um irgendwann einen leidlichen Stand hinzubekommen.

Querungen

Der Schrecken vieler Nachsteiger sind Quergänge. Sind die vom Vorsteiger nicht vorausschauend

gesichert worden, können sie für den Nachsteiger richtig übel sein, oft viel heikler als für den Vorsteiger.

Generell sollte bei Quergängen der Grundsatz gelten: so viele Zwischensicherungen wie möglich. Befindet sich eine schwierige Stelle im Quergang, benötigt der Vorsteiger vor dieser eine Zwischensicherung für sich selbst. Sonst pendelt er womöglich ewig weit zurück. Danach wird es wieder leichter und der Vorsteiger könnte evtl. ohne weitere Sicherungen bis zum Stand klettern. Aber der Nachsteiger muss nun die Zwischensicherung aushängen, bevor er die schwierige Passage geklettert hat. Stürzt er aber an dieser Stelle, pendelt er die gesamte Strecke bis zur nächsten Sicherung. Deshalb muss sich auch hinter der schwierigen Stelle an Quergängen unbedingt eine Sicherung befinden.

Dreierseilschaft

Grundsätzlich ist es kein Problem, auch zu dritt zu klettern. Allerdings sollte man zu dritt immer deutlich mehr Zeit einplanen als für eine Zweierseilschaft.

Soll das Klettern beiden Nachsteigern Spaß machen, muss man mit Doppelseil klettern. So hat jeder Nachsteiger eine separate Seil für sich. Es gibt auch die Möglichkeit, ein Einfachseil mit einer Seilweiche zu benutzen, aber dann sind beide

Nachsteiger in Tempo und Strecke voneinander abhängig.

Der Ablauf ist im Prinzip ähnlich wie der bei einer Zweierseilschaft. Der Vorsteiger bindet sich in beide Seile ein und klettert bis zum Stand. Nach dem Kommando »nachkommen« klettern mit einer Entfernung von drei bis vier Meter die Nachsteiger hinterher. Der Sichernde sollte in dem Fall die Platte benutzen. Gerade für diesen Einsatz ist sie fantastisch geeignet.

Allerdings kann man in dieser Konstellation nicht ständig die Führung wechseln. Dazu ist ein Umbinden nötig, dass kostet immer Zeit. Bei einer Dreierseilschaft steigt normalerweise immer derselbe voraus.

Ordnung am Standplatz

Am Standplatz sollte man sich sowohl zu zweit als auch zu dritt gut organisieren. Dabei ist es vor allem wichtig, das Seil »aufzuräumen«. Runterhängen lassen ist nur dann sinnvoll, wenn das Gelände unter dem Stand wenig strukturiert und glatt ist, sodass das Seil nirgends hängen bleiben kann. Die Anordnung der Sicherungen sollte so sein, dass sich die Sicherung für den Vorsteiger auf der Seite befindet, auf der er auch den Stand verlässt. Sonst kommt es irgendwann zum heillosen Chaos.

Abseilen

Vom Prinzip her ist das Abseilen ganz ähnlich wie das Abseilen im Klettergarten. Allerdings gibt es einige Besonderheiten, die zu beachten sind. Haben wir im Klettergarten bisher an einem Seil abgeseilt, das in der Umlenkung halbiert war, seilen wir jetzt an zwei Seilen ab. Diese müssen miteinander verbunden werden. Dazu macht man einen Sackstich. Der hat sich bewährt, weil er sich nicht so schnell verklemmt wie andere Knoten. Die Seilenden hinter dem Sackstich sollten mindestens 40 Zentimeter lang sein. Den Knoten zieht man gut fest.

Das sollte sorgsam geschehen: das Verknoten der Seilenden.

Häufig findet man Ringe an den Abseilstellen. Das Seil wird so eingehängt, dass man nach dem Abseilen das Seil an dem Ende abzieht, dass am Fels liegt. Sonst kann es passieren, dass sich das Seil mit dem Ring abklemmt.

Geht die Abseilfahrt ins Ungewisse, sind folgende Punkte zu beachten: Der Erfahrenste seilt voraus, um die Lage zu checken. Er ist mit einem Prusikknoten hintersichert. Außerdem befinden sich Knoten am Ende des Seils.

Jeder Abseilende hat eine Schlinge mittels Ankerstich in der Anseilschlaufe des Gurts als Selbstsicherung vorbereitet, die mit einem Schraubkarabiner versehen ist. Kommt er am nächsten Stand an, sichert er sich zunächst selbst. Dann nimmt er den Achter aus dem Seil. Der kann allerdings sehr heiß sein. Klinkt man aber nur den Schrauber aus der kleinen Öse aus und in die große Öse wieder ein, kann man das Seil aus dem Achter nehmen, ohne diesen zu berühren (siehe Bilder S. 88).

Nun gibt der Abseilende unverzüglich das Kommando »Seil frei«. Er hält allerdings das Seil fest, damit es nicht vom Stand wegpendelt. Liegt der Stand weit außerhalb der Falllinie des Seils, macht es Sinn, die Seile lose zu fixieren. Ist viel Restseil übrig, kann er das Seil, das anschließend abgezogen wird, schon mal so weit wie möglich durch den neuen Abseilpunkt durchziehen. Das spart Zeit und schafft Ordnung. Außerdem kann er die Seilenden in die Hand nehmen und so dem anderen Abseilenden die Hintersicherung mit der Prusik ersparen.

Aushängen des heißen Achters: mit etwas Geschick ohne Verbrennungen möglich

Der letzte Abseilende sollte sich auf jeden Fall merken, welches Seil abgezogen werden muss. Dazu kann er eine Expresse in das Seil einklinken, an dem man ziehen muss (als Gedächtnisstütze). Sonst hat man nach mehreren Abseilstellen schnell die Seile vertauscht.
Vor dem Abziehen darf man auf keinen Fall vergessen, den Knoten aus dem Seil zu machen. Hat man beide Enden miteinander verknotet, ist das kein Problem. Hat man allerdings in jedes Seilende einen separaten Knoten gemacht, verklemmt sich dieser sonst garantiert in der Umlenkung.

Beim Abziehen des Seils ist immer auf Steinschlag zu achten.
Abseilen über unbekannte, nicht eingerichtete Passagen sollte man unter allen Umständen vermeiden. Wer schon einmal im Nichts hing, weiß ein Lied davon zu singen.

Aufstieg am Seil

Verklemmt sich das Seil beim Abziehen oder man hat an einer falschen Stelle abgeseilt, hilft oft nur noch der Aufstieg am Seil. Dazu braucht man zwei Fünf-Millimeter-Reepschnüre, eine etwa 120 Zentimeter lang und eine etwa 240 Zentimeter lang. Die Reepschnüre werden halbiert und an den Enden verknotet. Nun muss man über beide Seilstränge einen Prusikknoten machen (siehe Seite 66).
Dabei kommt die kürzere Reepschnur über die längere. Die kurze wird nun im Anseilpunkt mit einem Schraubkarabiner eingehängt. In die lange steigt man mit dem Fuß hinein. So kann man mit etwas Übung relativ gut am Seil

Hochbetrieb an der Delagokante/Dolomiten

aufsteigen, indem man die Reepschnüre wechselseitig belastet und die nicht belastete höher schiebt. Diese Technik sollte man allerdings üben, um sie nicht im Ernstfall das erste Mal anwenden zu müssen.

Wenn ein Seilende schon höher hängt als der Stand, ist diese Technik nicht mehr möglich. Denn man weiß nicht, wie oder wo sich das Seil verklemmt hat. In diesem Fall hat man ein echtes Problem. Entweder man schafft es, zu diesem Seilende emporzuklettern oder aber man ist auf fremde Hilfe angewiesen.

Gefahren

Die Gefahren beim alpinen Klettern sind so weit gefächert, dass es schwierig ist, hier einzelne, typische Fehler rauszupicken. Es kommen fast alle Fehler vor, die schon in den anderen Kapiteln angesprochen wurden. Die subjektive Gefahr der Selbstüberschätzung ist ein häufiger Fehler. Das kann sich sowohl auf die technischen Anforderungen der Tour beziehen als auch auf die konditionellen Fähigkeiten (langer Zustieg, mehrere Stunden klettern, langer Abstieg) und die psychische Stärke. Mangelhafte Ausrüstung ist hier auch eher ein Thema als beim reinen Sportklettern.

Zudem sind die so genannten objektiven Gefahren (Steinschlag, Gewitter...) immer zu bedenken. Wer bisher nur in der Kletterhalle geklettert hat, ist unter Umständen nicht auf Kälte, Nässe, Sturm usw. eingestellt und kann vielleicht die Wetterzeichen nicht richtig beurteilen.

Deshalb sollte man zu alpinen Unternehmungen erst aufbrechen, wenn schon genügend Kletter- und Sicherungserfahrung vorhanden ist. Das gilt natürlich für rein alpine Touren mehr als für alpine Sportklettereien, die klettergartenmäßig abgesichert sind.

Tipp

Beim alpinen Klettern ist vor allem die Tourenplanung sehr wichtig. Deshalb sollte darauf besonderer Wert gelegt werden. Das beginnt bei der Auswahl der Tour zu Hause und führt über die Wetterbeobachtung und die Beurteilung der Verhältnisse vor Ort bis hin zur Orientierung in der Kletterroute selbst. Auch der Faktor Erfahrung ist beim alpinen Klettern wichtiger als beim Sportklettern. Daher sollte man sich langsam an die alpine Kletterei herantasten. Gut ist es, sich anfangs einem erfahrenen Freund oder Bergführer anzuvertrauen, bis man selbst genügend Erfahrung gesammelt hat, um eigenständig Klettertouren durchzuführen.

Wie werde ich besser?

**Für Klettereinsteiger ist Klettern das beste Training und die beste Übung. Aber irgendwann erreicht man den Punkt, an dem nur mit Klettern nicht mehr viel vorangeht. Ein planmäßiges Vorgehen und ganz gezielte, spezielle Übungen können zu diesem Zeitpunkt den Lernprozess erheblich beschleunigen. Das muss nicht in strengen Wochen- und Monatstrainingsplänen enden, sondern kann in die ganz normalen Klettersessions eingestreut werden.
Zudem nützt ein erweitertes Wissen über Kletter- und Sicherungstechniken natürlich auch in ganz erheblichem Maße der Sicherheit.**

Klettertechniken

Allgemeine Grifftechniken

Griffe sind das Synonym des Kletterns. Kaum ein Außenstehender fragt nach Tritten, wenn es ums Klettern geht, sondern immer nur: »Wo haltet ihr euch denn fest?«

Man unterscheidet grundsätzlich zwei unterschiedliche Arten von Griffen:

- Zuggriffe und
- Stützgriffe.

Der größte Teil der Griffe sind Zuggriffe. Hierbei wird mit einem oder mehreren Fingern das Gewicht des Körpers gehalten. Die Belastung erfolgt nach unten, beansprucht werden vor allem Finger-, Unterarm- und Schultermuskulatur.

Stützgriffe bilden eine willkommene Abwechslung. Bei dieser Art von Griffen, die meist mit dem Handballen genutzt werden, wird eine ganz andere Muskulatur gefordert als bei den Zuggriffen. Hauptsächlich sind das die Schulter- und obere Rückenmuskulatur. Deshalb sollte man zur Entlastung der Fingerbeuger (Zuggriffe) so oft wie möglich stützen (siehe Bilder S. 94 rechte Spalte). Die Grundtechniken beim Benutzen von Griffen werden von vielen Kletterern oft intuitiv angewendet – zumindest zum Teil. Wichtig ist es zu wissen, was den Fingern besonders schadet.

Wann immer möglich, sollte man Griffe mit so genannten hängenden Fingern greifen. Das ist die

Zu empfehlen: Greifen mit hängenden Fingern

anatomisch funktionellste und gesündeste Form. Allerdings bringt man so nicht immer die volle Kraft auf den Griff. Deshalb ist man oftmals versucht, Griffe mit aufgestellten Fingern zu benutzen. Dabei werden aber gleich zwei Gelenke der Finger maximal belastet. Die Fingerendgelenke werden (passiv) gestreckt oder sogar überstreckt und die Mittelgelenke werden unter Last extrem gebeugt. Deshalb gilt es, diese Art des Greifens so wenig wie möglich zu praktizieren. Unter keinen Umständen sollte man beim Training darauf zurückgreifen. Besonders künstliche Griffe in Hallen verleiten oft zum Aufstellen der Finger. Aber auch hier gilt: so oft wie möglich mit hängenden Fingern greifen. Wenn ein Griff unbedingt das Aufstellen der Finger verlangt, gibt es noch die Alternative der spitz aufgestellten Finger. Allerdings ist dabei der Druck auf die Fingerkuppen extrem hoch und allein schon der Schmerz limitiert den Einsatzbereich dieser Technik.

Darüber hinaus gilt die Formel: so viel Auflagefläche wie möglich.

Bilden Löcher die Griffe, wird der oder die stärksten Finger verwendet. Häufig hilft der zusätzliche

Kraftsache: ein Zangengriff

Einsatz des Daumens, um einen besseren Kraftschluss zu erzielen, sei es, dass er bei einem Zuggriff über den Zeigefinger gelegt wird oder dass er bei einem Zangengriff als Widerlager dient. Meistens spürt der Kletterer sehr gut, wie der Griff für ihn am besten funktioniert. Das ist übrigens individuell sehr verschieden.

Allgemeine Tritttechniken

Wie wir schon eingangs erfahren haben, ist eine gute Fußtechnik der Schlüssel zu einem effizienten Kletterstil. Deshalb sollte man den Füßen von Anfang an viel Aufmerksamkeit widmen. Übungen zur Verbesserung der Fußtechnik können an jedem Klettertag zum Aufwärmen oder zwischendurch eingebaut werden.

Auf horizontalen Tritten ist es am günstigsten, wenn die Sohle auch in etwa eine horizontale Position hat. Das heißt in der Praxis, dass man die Ferse leicht anheben muss. Man setzt dabei den Fuß mit dem inneren, vorderen Teil des Ballens auf, da man hier die meiste Kraft entwickeln kann. Wird auf einer horizontalen Leiste die Ferse zu stark angehoben, kann man sich bei kleinen Leisten vom Tritt hebeln. Hängt die Ferse zu sehr nach unten, rutscht man von dem Tritt ab.

oben: Das Greifen mit aufgestellten Fingern sollte man möglichst vermeiden.
unten: Spitz aufgestellte Finger

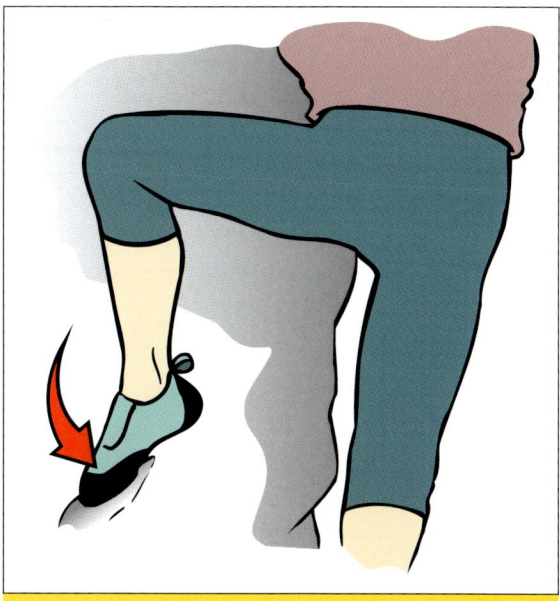

Überstrecken des Fußes bei schrägen Leisten

Das Prinzip »Sohle parallel zum Tritt« gilt für fast alle Trittformen. Tritt man beispielsweise schräge Leisten an, die vom Kletterer weg geneigt sind, muss man den Fuß aktiv im Gelenk nach außen kippen, also strecken.

Auf Reibungstritten oder in Dellen verhält es sich ähnlich. Auch hier versucht man die höchstmögliche Parallelität zu erreichen. Das bedeutet, dass man die Ferse hängen lässt. Das bewirkt, dass so viel Sohle wie möglich Kontakt zum Fels hat.

Im Gegensatz zu Leisten benutzt man Reibungstritte aber mit frontalem Fuß. Auch Löcher werden meist frontal getreten.

Bei jeder Art des Eindrehens, wo man ja mehr oder weniger seitlich zum Fels steht, wird ein Fuß mit der Außenseite auf den jeweiligen Tritt gestellt. Große Leisten oder Absätze werden so weit wie möglich außen angetreten (vorausgesetzt, sie sind fest). Dadurch verbessert sich die Stellung des Kletterers zur Wand, man steht wesentlich entspannter und hat ein bessere Übersicht. Auch große Tritte werden nicht mit dem Mittelfuß angetreten, sondern sollten ebenso wie die kleineren Kollegen mit dem vorderen Teil des Fußes angegangen werden, da das Gefühl und die Sensibilität im vorderen Teil des Fußes wesentlich besser sind als am Mittelfuß.

oben: Treten eines horizontalen Tritts
Mitte: Hier ist die Ferse zu hoch!
unten: Hängende Ferse bei einem Reibungstritt

Eindrehen

Zum ökonomischen Klettern dient vor allem das Eindrehen. Stehen beim frontalen Klettern beide Füße mit der inneren Fußspitze am Fels, tritt man beim Eindrehen mit einem Fuß zumindest leicht mit der Außenseite an. Ist der rechte Arm oben, dreht man auf dem linken Fuß ein, sprich man tritt mit dem linken Fuß mehr oder weniger extrem mit der Außenseite an. Greift nun die linke Hand über die rechte, dreht sich der Kletterer um die Achse und tritt mit der Außenseite des rechten Fußes an. Diese Abfolge ist immer diagonal. Es ist äußerst uneffektiv, wenn man mit der rechten Hand oben greift und auf dem rechten Fuß eindreht. Außerdem bewirkt das den Effekt der so genannten »offenen Türe«, sprich es dreht den Kletterer ähnlich einer sich öffnenden Tür seitlich zum Fels.

Das Eindrehen hat mehrere Effekte: Zum einen befindet sich der Körperschwerpunkt näher am Fels, was in aller Regel günstiger ist. Darüber hinaus kann mit dem rechten Fuß nicht rechts vom Körper mit der Außenseite angetreten werden. Man muss sich also einen Tritt unterhalb des Körperschwerpunktes suchen, was wiederum günstig für den Hub aus den Beinen ist. Zudem erhöht sich die Reichweite, weil sich die neue Greifhand (bzw. die Schulter) näher am Fels befindet und dadurch höher hinaufreicht als wenn man frontal steht.

Spreizen und Stützen

Wie wir schon wissen, ist es das Ziel, möglichst immer unbelastet weiterzutreten. Das heißt, dass der Körperschwerpunkt (das Hauptgewicht) immer über das Standbein gebracht werden muss. Das ist aber nicht immer möglich. Zum Beispiel, weil ein Tritt zu weit außen liegt und der Körper nicht so weit nach rechts oder links bewegt werden kann. Oder aber weil der Tritt, der zur Verfügung steht, zu hoch liegt.

oben: Andere Belastung der Arme: stützen und dann höher treten
links: Oft der Schlüssel zum Erfolg: eindrehen

Ist ein Griff sehr gut, bietet sich in solchen Fällen
die Technik des Stützens an. Dazu stützt man auf
der Seite mit der Hand, auf der der Fuß hochge-
setzt werden soll. Und siehe da, auch in diesem
Fall kann der Fuß wieder unbelastet gesetzt werden. Stützen ist durchwegs eine sehr effiziente
Technik und kann mit etwas Geschick öfters angewendet werden als man gemeinhin denkt. Voraussetzung ist aber immer ein Griff, an dem der Zug,
der durch den vergleichsweise hohen Körperschwerpunkt entsteht, auch gehalten werden kann.
An bestimmten Felsformen (Rinne, Verschneidungen) kombiniert man das Stützen der Hände mit
einem Spreizen der Beine. Dadurch ergibt sich im
Optimalfall nach jedem Kletterzug ein No-hand-
rest. Auch hier wird das Bein der Seite nach oben
bewegt, wo gestützt wird. Die Bewegung erfolgt
immer wechselseitig rechts und links.

Stemmen

Stemmen ist vor allem eine Technik für Kamine
(siehe Bild S. 96). Und gerade in alpinen Routen
der unteren Schwierigkeitsgrade finden sich
Kamine recht häufig. Deshalb sollte man entsprechende Techniken in seinem Repertoire haben,
um auch diese Stellen sicher zu überwinden.
Beim Stemmen verkeilt man sich durch einen
Gegendruck zwischen den beiden Kaminhälften.
In der Grundposition befinden sich die Füße auf
der einen Kaminseite und bauen zum Rücken auf
der anderen Kaminseite einen Druck auf. Dieser
sollte mit Hilfe der Reibung so groß sein, dass das
Nach-unten-Rutschen verhindert wird. Um sich
höher bewegen zu können, muss der Druck nun
irgendwie anders verteilt werden. Das geschieht
mit einem Wechselspiel zwischen Füßen und
Händen. Dabei gibt es keine strenge Reihenfolge.
Jegliche Art von Tritten und Griffen sollten natürlich so gut wie möglich benutzt werden. Man kann
mit einem Fuß auf der einen Kaminseite und mit
dem anderen auf der gegenüberliegenden Seite
besonders gut den Rücken entlasten und sich
höher drücken. Dabei unterstützen die Arme
diesen Vorgang diagonal zu den Beinen. Ist das

rechte Bein an der vorderen Kaminwand, drückt
der linke Arm auch an diese Seite. So klappt es mit
etwas Übung sehr gut, sich langsam höher zu
»schrubben«. Besonders materialfreundlich ist
diese Art der Fortbewegung allerdings nicht. Die
neueste Jacke ist hier eher fehl am Platze.

Der Frosch

Zugegeben, die meisten von uns werden für den
»perfekten« Frosch zu wenig beweglich sein. Aber
auch in Ansätzen kann einem der so genannte
Frosch das Klettererleben leichter machen.

Piazen (Gegendrucktechnik)

Eine Technik, bei der wir ausnahmsweise nicht versuchen, den Körperschwerpunkt über die Füße (die Tritte) zu bekommen, ist das so genannte Piazen (auch Gegendrucktechnik). Piazen bietet sich in erster Linie in Verschneidungen und an Schuppen an. Sehr gute Kletterer können auch Risse in der Piaztechnik klettern.

Beim Piazen ist das Ziel, einen Gegendruck zwischen Füßen und Händen aufzubauen. Dabei ist es grundsätzlich so, dass der Gegendruck umso größer ist, je näher sich die Hände an den Füßen befinden. Allerdings wird die Haltekraft für die Hände auch immer größer, je mehr sich die Füße den Händen nähern. Die Kunst besteht darin, das richtige Maß zwischen Gegendruck und Kraftverbrauch zu finden.

Wenn man beim Klettern ein Bein hochsetzt, wird automatisch das Knie nach außen gedreht, weil das Bein sonst im Weg ist. Im Prinzip ist das schon die »halbe« Frosch-Position. Die Grundstellung des Frosch hat man erreicht, wenn sich beide Füße unter dem Becken eng beieinander befinden und man sich so tief wie möglich auf diese absetzt. Im Optimalfall sitzt man nun auf seinen Fersen. Dass dies aber an einer kompakten Wand sehr viel Flexibilität im Becken erfordert, ist leicht nachvollziehbar. Beide Knie müssen dabei extrem nach außen gedreht werden. Ist der Frosch an einer glatten Wand schwierig hinzubekommen, fällt er zum Beispiel an Kanten schon wesentlich leichter. Die Knie müssen nicht so weit nach außen gedreht werden und auch ohne jahrelanges Yoga ist die Technik hier effektiv anwendbar.

Der optimale Winkel zwischen Armen und Beinen ist der Schlüssel zum guten Piazen.

Körperschwerpunkt an die Wand: der Frosch

Genau wie bei etlichen anderen Techniken ist das Ziel des Frosch, den Köperschwerpunkt nahe an den Fels zu bekommen. Deshalb macht die Technik auch nur in sehr steilem Gelände Sinn. Beim Reibungsklettern wird man die Technik nie sinnvoll einsetzen können.

Zum einen muss man die Griffe halten können. Sind z. B. die Kanten nicht richtig gut, kann es sein, dass man zwar die Füße gerne näher zu den Händen bringen würde (um die Reibung für die Füße zu erhöhen), die schlechten Griffe dann aber nicht mehr halten kann.

Darüber hinaus ist der Abstand von Füßen und Händen von den natürlichen Trittmöglichkeiten abhängig, die sich bieten. Sind kleine Leisten oder Dellen da, sodass die Füße nicht nur auf Reibung

Je nach Breite der Risse unterteilt man das Riss-klettern in Schulter-, Arm-, Faust-, Hand-, und Fin-gerrisse. Die Bezeichnung gibt jeweils die Körper-teile an, die man in dem Riss verklemmen sollte. Das kann natürlich individuell verschieden sein. Was für den einen ein breiter Fingerriss ist, kann für eine(n) zart besaitete(n) schon einen Handriss darstellen.

Beim Rissklettern geht es darum, die jeweiligen Körperteile möglichst sicher im Riss zu verklem-men. Gleichzeitig darf man sich nicht in seiner Weiterbewegung blockieren. So sind Schulterrisse für viele wahrscheinlich mit das Unangenehmste, was es beim Klettern gibt. Die Angst treibt jeden Nicht-Profi meist soweit wie möglich in den Riss hinein. Hier fühlt er sich zwar halbwegs sicher, nur bewegen kann er sich nicht mehr. Richtig wäre es, sich möglichst weit außen an der Risskante zu hal-ten und maximal mit der Hälfte des Körpers in den Riss zu klemmen. Ein Arm und ein Bein müssen sich außerhalb befinden, um ein Höhersteigen zu ermöglichen. Aber dort draußen hat man ständig das Gefühl, aus dem Riss zu kippen.

stehen? Dann muss auch der Anpressdruck für die Füße nicht so hoch sein. Nebenbei verringert sich dadurch natürlich die Haltekraft, die die Hände aufbringen müssen.

Piazen ist ein Spiel, das ausprobiert werden muss. Bei guter Absicherung oder in Absprunghöhe sollte man auch ruhig mal die Grenzen ausloten und schauen, bis zu welchen Winkeln man gehen kann, bevor die Füße abrutschen.

Rissklettern

Wir Europäer (Ausnahme Elbsandsteinkletterer) tun uns mit dem Rissklettern häufig schwer. Die Amerikaner sind in der Regel deutlich bessere Risskletterer. Das liegt ganz einfach an der Tat-sache, dass sie es gewohnt sind, Risse zu klettern. In den Alpenregionen sind Risse, die mit einer speziellen Risstechnik geklettert werden müssen, eher selten.

Risse kommen überwiegend im Granit und im Sandstein vor. Aber auch im Kalk finden sich immer wieder Risse. Wohl dem, der dann weiß, wie er damit umzugehen hat.

Rissklettern verlangt viel Übung und Erfahrung.

Faustklemmer sind etwas angenehmer. Man steckt die Hand in den Riss und ballt sie zur Faust. Dadurch entsteht eine Klemmwirkung, die in aller Regel mehr hält als man vermutet.

Bei Handrissen wird es schon wieder eklig. Hier wird die Hand wahlweise mit dem Daumen nach oben oder mit den Daumen nach unten in den Riss geschoben. Bei der Daumen-nach-unten-Version klemmt die Hand durch den Aufstellmoment, der durch das Drehen erzeugt wird. Bei der Daumen-nach-oben-Version wird mit dem Daumen und dem Handrücken ein Druck und damit eine Klemmwirkung aufgebaut.

Interessant bei Rissen ist auch die Fußarbeit. Am effektivsten, wenn auch am schmerzhaftesten, ist folgende Technik: Man verdreht den Fuß seitlich, sodass die Fußspitze nach unten zeigt. Nun wird der Schuh so gut wie möglich in den Riss geschoben und der Fuß wieder in die »normale« Position gedreht. Wohl dem, der dabei keine ganz weichen Kletterschuhe an hat.

Bei Fingerrissen verklemmt man am besten die Finger in der Daumen-nach-unten-Handhaltung. Die Fingermittelgelenke klemmen durch den Aufstelleffekt. Allerdings ist diese Rissbreite besonders verletzungsträchtig. Sind die Finger gut verklemmt und die Füße rutschen weg (die auch nicht mehr in den Riss platziert werden, weil er zu schmal ist), kann es zu bösen Fingerverletzungen kommen. Wer Freude am Rissklettern findet oder es einfach vermehrt üben will, tut gut daran, die Handrücken und Finger bis über die Fingermittegelenke zu tapen. Das vermindert den Druckschmerz und schützt vor Hautabschürfungen.

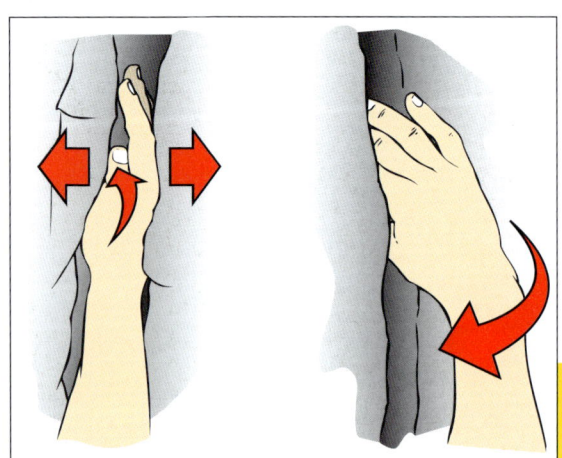

Im Überhang sind Kraft und spezielle Techniken gefragt.

Überhänge

Überhänge sind der Schreck des einen und die Freude des anderen. Entweder man mag sie oder man hasst sie. Natürlich ist für Überhänge mehr Kraft notwendig als für geneigte oder auch senkrechte Kletterei.

Schon alleine wenn man sich vor Augen hält, dass die Arme beim Klettern den Oberkörper nur stabilisieren, wird schnell klar, dass in überhängendem Gelände die Arme mehr halten. Mit ein paar Tricks lassen sich aber auch Überhänge von Kletterern meistern, die nicht nur über rohe Kraft verfügen. Auch hier gilt es, den Körperschwerpunkt so gut wie möglich über den Trittflächen zu halten. Das passiert unter anderem, indem man eine leichte Bogenhaltung einnimmt. Dabei wird das Becken aktiv in Richtung Fels gedrückt. Man befindet sich so in einer Art Hohlkreuzstellung.

Verklemmen von Körperteilen: links ein Handriss, rechts ein Fingerriss

Außerdem sollte gerade in Überhängen immer versucht werden, so viel wie möglich an langen Armen zu klettern. Am ausgestreckten Arm kann man sich viel leichter eine Zeitlang halten als am krampfhaft angewinkelten Arm. Schulter- und Rückenmuskulatur haben am angewinkelten Arm viel mehr Haltearbeit zu leisten. Das gilt insbesondere auch beim Klinken von Zwischensicherungen. Deshalb: Wann immer es möglich ist, sollte man am langen Arm clippen.

Das Eindrehen (siehe S. 93) bietet sich besonders in Überhängen an. Das Eindrehen bewirkt, dass der Körperschwerpunkt nahe am Fels positioniert ist. Ein weiterer Vorteil ist die verbesserte Reichweite. Beide Aspekte sind im Überhang von großer Bedeutung. Deswegen sollte man in Überhängen versuchen, so viel wie möglich einzudrehen.

Für kleine Bäuche oder Wülste im Überhang ist es oft hilfreich zu spreizen, also den linken und den rechten Fuß weit nach außen zu stellen. Auch so wird der Körperschwerpunkt nahe an den Fels gebracht und Kraft gespart.

Zwischensicherungen

Wer klettert, sollte im Großen und Ganzen beurteilen können, an was er sich sichert. Das ist bei einigen Sicherungsmitteln einfacher und bei anderen schwieriger. Das belegt folgendes Beispiel.

In den vergangenen Jahren wurden diverse Gebiete komplett saniert. Sanieren bedeutet, dass alte Haken entfernt und Klebehaken angebracht werden. Bei einer zufälligen Kontrolle der neuen Haken stellte man fest, dass die bei weitem nicht das hielten, was sie hätten halten sollen. So waren Klebehaken dabei, die lediglich 3 kN axial hielten, also deutlich weniger, als die Norm fordert (15 kN). Bei der genaueren Untersuchung stellte man fest, dass die Oberfläche der Haken nicht mit dem Kleber (oder besser Verbundmörtel) harmonierte. Die Schäfte der Haken waren zu wenig strukturiert. In einer aufwändigen Aktion wurde das gesamte Ge-

biet resaniert. Die ganzen schönen neuen Haken wurden gezogen und erneuert. Unter den Haken, die gezogen wurden, waren auch welche dabei, die annähernd 30 kN hielten.

Das Beispiel verdeutlicht, wie schwierig es ist, selbst vermeintlich genormte Sicherungsmittel in ihrer Haltekraft zu beurteilen.

Bohrhaken

Für den Bohrhaken (siehe Bild S. 63) braucht man zuerst ein Loch. Dies hat je nach Haken zwischen 8 und 15 Millimeter Durchmesser. Heutige Bohrhakensysteme entsprechen in etwa den Schwerlastankern, wie sie am Bau eingesetzt werden und wie man sie in jedem Baumarkt bekommt. Es gibt zwei verschiedene Systeme. Das eine System arbeitet mit einer Art Durchschlagbolzen. Der

Bogenspannung bringt den Körperschwerpunkt über die Füße und verschafft Übersicht.

Bohrhaken wird in das passende Loch gesteckt und der Bolzen, der außen übersteht wird mit dem Hammer bündig zur Hakenoberfläche versenkt. Eine gewisse optische Kontrolle ist dabei auch jedem nachfolgenden Kletterer möglich. Ist der Bolzen nicht komplett eingeschlagen, sollte man den Haken mit äußerster Vorsicht genießen. Vorteil des Systems: Es geht sehr schnell, der Haken kann sofort belastet werden, es wird nur wenig Werkzeug benötigt. Nachteil: Es wird eine sehr große Sprengwirkung auf den Fels ausgeübt. Das kann mitunter zu Rissen und damit zur Instabilität des Fels führen, was in letzter Konsequenz ein Ausbrechen des Hakens mitsamt dem umgebenden Fels bewirken kann.

Das zweite System, das sich immer mehr durchsetzt, funktioniert mit einer Gewindestange. Auch hier wird der Haken in das Bohrloch gesteckt. Hat das Bohrloch den richtigen Durchmesser, ist es schon zu diesem Zeitpunkt nicht mehr möglich, den Haken rauszuziehen. Nun wird die Mutter auf dem Haken mit einem vorgegebenen Drehmoment angezogen. Nachteil: Streng genommen braucht man einen Drehmomentschlüssel zum Anziehen der Mutter. Der kommt aber beim Setzen von Bohrhaken nur höchst selten zum Einsatz. Vorteil: Auch diese Haken können nach dem Setzen sofort belastet werden. Stellt man im Nachhinein fest, dass der Haken falsch platziert wurde, kann man die Hakenöse entfernen, sodass nur noch die Gewindestange zu sehen ist. Ist das Bohrloch tief genug, kann man sogar die Gewindestange mit einigen Schlägen im Bohrloch versenken. Die Sprengwirkung auf den Fels (siehe oben) ist etwas geringer, als bei dem Einschlagsystem.
Fazit: Bohrhaken eignen sich besonders dann, wenn man Fixpunkte braucht, die man sofort be-

lasten kann. Der Nachteil aller Bohrhakensysteme ist neben der Sprengwirkung auf den Fels der, dass das Bohrloch nicht wasserdicht ist und der Haken somit rosten kann. Selbst wenn die Haken aus rostfreiem Material sind, geht die Witterung an ihnen über die Jahre nicht spurlos vorbei. Auch kann sich durch Erosion der Durchmesser des Bohrlochs verändern.

Klebehaken

Klebehaken (siehe Bild S. 63 oben) müssten eigentlich Verbundanker heißen. Die Haken werden nämlich nicht mit einem Kleber, sondern mit einem Verbundmörtel befestigt. Aber im allgemeinen Sprachgebrauch spricht man von Klebehaken. Ähnlich wie beim Bohrhaken wird auch beim Klebehaken ein Loch gebohrt, das auf den Durchmesser des Hakens abgestimmt ist. Anschließend wird das Loch gründlich gesäubert. Nun wird der Haken mit dem Verbundmörtel in das Hakenloch gesteckt. Der Nachteile dieser Hakengattung ist der, dass der Mörtel austrocknen muss, bevor man den Haken belasten kann. Vorteil: Die Verbundankerhaken sind wesentlich witterungsbeständiger, da das Bohrloch und der Hakenschaft wasserdicht verschlossen sind. Außerdem ist der Formschluss zum Fels wesentlich besser als beim Bohrhaken und es tritt kaum Sprengwirkung auf den Fels auf.
Fazit: Verbundankerhaken sind dann hervorragend geeignet, wenn in einem Gebiet organisiert alte Haken ersetzt werden, oder aber wenn eine Route von oben erschlossen wird.

Normalhaken

Normalhaken werden mit dem Hammer in den Fels geschlagen. Dazu braucht es gewisse Strukturen wie Risse oder Spalten. Es gibt Normalhaken in allen nur erdenklichen Formen, als Hartstahlhaken für Granit und als Weichstahlhaken für Kalk. Wird ein Normalhaken von einem Kletterer gesetzt, kann dieser mit etwas Erfahrung sehr gut einschätzen, ob der Haken gut sitzt. Wenn der Haken beim Einschlagen »singt«, ist das ein gutes Zeichen. Vorteil der geschlagenen Haken: Man kann sie mit wenig Aufwand anbringen. Nötig sind lediglich ein

Hammer und entsprechende Haken. Der riesige Nachteil der geschlagenen Haken ist der, dass nachfolgende Seilschaften überhaupt nicht mehr erkennen können, ob es sich hier um einen soliden Haken handelt oder ob das Ding lebensgefährlich ist. Man kann vom Äußeren des Hakenkopfes keinen Rückschluss auf die Festigkeit ziehen. Deshalb sind Normalhaken immer mit großer Vorsicht zu benutzen. Wer heute noch Haken schlägt, sollte diese auch wieder mitnehmen, um nachfolgende Seilschaften nicht in falscher Sicherheit zu wiegen.

So sehen Normalhaken nach ein paar Jahren aus. Niemand weiß, was die halten.

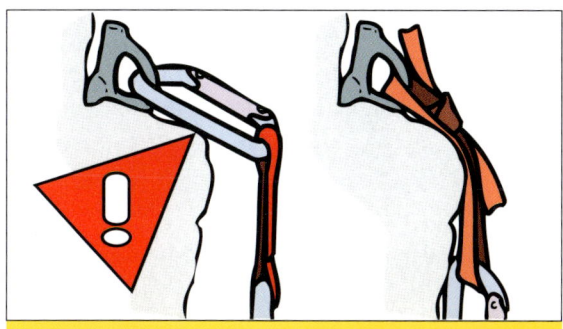

Bei Haken auf Absätzen (links, falsch) besteht die Gefahr einer Knickbelastung der Karabiner.

Normalhaken befinden sich gerne hinter Absätzen, weil es da oft Risse gibt und weil sie da sehr gut sitzen. Beim Einhängen solcher Haken besteht häufig die Gefahr, dass einer der Karabiner auf Knick belastet wird. In einem solchen Fall sollte die Länge der Expresse so gewählt werden, das es zu keiner Knickbelastung kommt. Oder aber man fädelt eine Bandschlinge durch die Hakenöse und clippt mit einem einzelnen Karabiner.

Selbst gelegte Zwischensicherungen

Bis hierher sind die Sicherungsmittel vorgestellt worden, die man in Routen vorfindet, wenn sie entsprechend eingerichtet und abgesichert sind. Aber gerade in den weniger schweren Touren sind oft nur die Standplätze und neuralgische Punkte abgesichert, dazwischen muss man selbst ab-

sichern. Es bietet sich ein Vielzahl von Sicherungsmöglichkeiten an. Allen voran natürlich die, die der Fels uns bietet:

Köpflschlingen

In den Touren der gemäßigten Schwierigkeitsgrade (UIAA III bis V) ist der Fels meist sehr strukturiert. Gerade im Kalk finden sich hier häufig so genannte Felsköpfl. Das sind Felszacken, die zu allen Seiten hin abfallen. Diese bieten eine hervorragende, einfache und schnelle Art der Sicherung – vorausgesetzt, das Köpfl ist solide. Man legt eine Schlinge darüber und klinkt in diese Schlinge entweder einen einzelnen Karabiner oder eine Expresse. Schon ist die Sicherung fertig.

Je nach Köpfl ist es sinnvoll, diese Schlinge entweder als lose Schlinge über das Köpfl zu legen oder man macht einen Ankerstich in die Schlinge. Welche Methode man wählt, kommt auf die Beschaffenheit des Köpfls an. Ist es an der Basis (unten) solide, weiter oben aber eher brüchig, sollte man die Schlinge nur lose darüber legen (in der Skizze S. 102 links), damit die Belastung soweit unten wie möglich ansetzt. Ist das Köpfl in sich solide, nimmt man lieber die Ankerstich-Variante (in der Skizze S. 102 rechts). Diese hält die Schlinge besser an der Stelle und sichert sie gegen Abrutschen nach oben (durch den Seilzug).

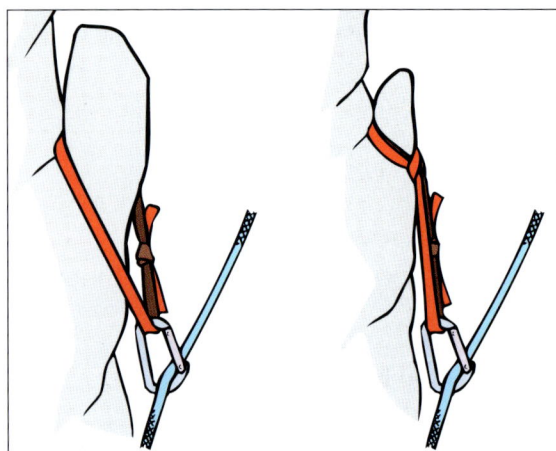

Vorsicht: Köpflschlingen halten nur Belastungen in einer Richtung stand, normalerweise nach unten. Kann eine Belastung nach oben vorkommen (zum Beispiel am Stand), muss die Schlinge nach unten verspannt werden.

Sanduhren

Die zweite natürliche Sicherungsmöglichkeit sind Sanduhren. Dabei handelt es sich um Felsformationen, die verwachsen sind, aber durch Hohlräume auf der Rückseite die Möglichkeit bieten, eine Schlinge oder ein Seilstück zu fädeln. Die Zuverlässigkeit von Sanduhren zu beurteilen ist nicht leicht. Die Festigkeit hängt maßgeblich von der Dicke ab sowie von der Tatsache, ob sie massiv oder aber von Rissen durchzogen ist.

Bei Sanduhren ist es meist günstig, sie möglichst weit unten an der Basis zu belasten. Daher ist es

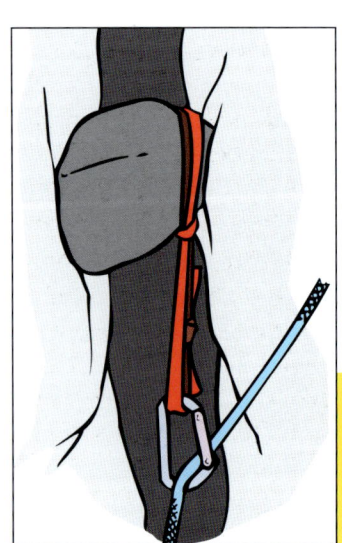

besser, Sanduhren nicht mit einem Ankerstich zu fädeln, sondern lediglich die Schlinge um die Sanduhr herumzulegen.. Ab etwa Armdicke gelten fest verwachsene

Sanduhren als so solide, dass man an ihnen Stand machen kann.

Klemmblöcke

Klemmblöcke sind im Prinzip natürliche Klemmkeile. Es sind Steine, die sich in Rissen verkeilt haben. Auch bei Klemmblöcken ist die Beurteilung der Festigkeit sehr schwierig. Man sollte bei Klemmblöcken größte Vorsicht walten lassen. Es gibt Klemmblöcke (meist sehr große), die hundertprozentig halten. Aber selbst noch so fest verkeilte Blöcke sollten nie alleine als Sicherung, zum Beispiel als Standplatz, dienen. Als Zwischensicherung sind sie – mit der nötigen Vorsicht – eine willkommene Möglichkeit.

Klemmkeile

Klemmkeile sind eine einfache, aber geniale Erfindung. Sie sind schnell gelegt und meist auch schnell wieder entfernt. Die Auswahl der Keile ist riesig, sei es in Form und Gestalt, sei es in der Größe. Am gebräuchlichsten sind so genannte Stopper, die eine besondere Form haben und von vielen Herstellern angeboten werden. Es gibt Klemmkeile mit Drahtkabel und solche mit eingenähter Schlinge. Bei allen kleineren Keilen wird man aus Festigkeitsgründen Drahtkabel vorfinden. Die lassen sich oft besser legen, da die Kabel steif sind und man so weiter in den Riss kommt. Die Drahtkabel haben aber den Nachteil, dass sie den Keil durch die Seilbewegung lösen können. Deshalb sollten Keile mit Drahtkabel immer mit einer Expresse oder einer Schlinge versehen werden und nie nur mit einem Karabiner mit dem Seil verbunden sein. Größere Keile haben Schlingen. Die

kann man auch nur mit einem Karabiner in der Schlinge verwenden.

Die Keile werden an Rissverengungen gelegt, wo sie sich verklemmen (daher der Name). Sind sie gut gelegt und richtig dimensioniert, halten sie extremen Belastungen ohne weiteres Stand.

Beim Legen von Klemmkeilen sollte man darauf achten, dass sie möglichst großflächig aufliegen und nicht wackeln. Der Fels, der den Keil umschließt, muss solide und fest sein. Kleine Felsnasen, die den Keil vielleicht ohne Belastung in ihrer Position halten, könnte es bei einem Sturz weg sprengen, der Keil fällt heraus und der Kletterer stürzt weiter.

Bei der Möglichkeit, Keile im Fels zu platzieren, sind der Kreativität keine Grenzen gesetzt. Allerdings muss man auch immer kritisch beurteilen, ob sie einer Belastung standhalten. Keile halten nur in eine Zugrichtung, meist nach unten. Deshalb werden sie hauptsächlich als Zwischensicherung eingesetzt. Am Standplatz können sie zur zusätzlichen Absicherung dienen.

Standplätze nur aus Keilen sind prinzipiell möglich, bedürfen aber jahrelanger Erfahrung im Umgang mit aller Art von Keilen. Es sind aber oftmals aufwändige Verspannungen nötig, um dem Standplatz bei Zug nach unten und nach oben ausreichend Sicherheit zu geben.

Klemmgeräte (Friends)

Neben den normalen Klemmkeilen gibt es sehr aufwändige und teure Klemmgeräte, so genannte Friends. Wie auch die Klemmkeile gibt es Friends in vielen verschiedenen Größen von etlichen Herstellern.

Sie setzen sich in aller Regel aus vier Segmenten zusammen, die sich um eine Achse bewegen. Zwei Segmente sind nach links, zwei nach rechts angeordnet. Mittels einer Feder und eines Steges lassen sich die Segmentpaare zusammenziehen. Friends sind im Gegensatz zu normalen Klemmkeilen zum Absichern von parallelen Rissen konzipiert worden. Die kommen zwar vornehmlich im Granit vor, aber Friends können auch im Kalk sehr gute Dienste leisten. Oftmals lassen sich Friends auch

Ein gut gelegter Klemmkeil

Tipp

Legen von Friends

- **Den Friend in die potenzielle Zugrichtung ausrichten**

- **Alle Segmente müssen am Fels anliegen.**

- **Friends sollten nicht in total zusammengezogenem Zustand gelegt werden. So halten sie, sind aber häufig schlecht oder gar nicht mehr zu entfernen.**

- **Der Fels um den Friend muss extrem solide sein.**

- **Moosige und erdige Risse bieten den Segmenten nicht genug Reibung.**

- **Den Friend nicht »tot«, also ganz offen, legen (keine Klemmwirkung der Segmente).**

in nach außen offenen Rissen legen. Und Löcher bieten oftmals eine gute Möglichkeit, einen Friend zu platzieren.

Früher gab es Friends mit steifer Achse. Dabei musste man darauf achten, dass sie nicht in Querrisse gelegt wurden bzw. dass die Achse keiner Knickbelastung (Belastung im rechten Winkel zur Achse) ausgesetzt war.

Heute haben fast alle »Freunde« eine flexible Achse (beim Kauf unbedingt drauf achten!), der auch ein Platzieren in Querrissen nichts ausmacht. Bei Belastung biegt sich die flexible Achse in die Belastungsrichtung.

Das Legen von Friends und Keilen sollte man so oft wie möglich üben. Dafür reichen meist schon größere Steine rund um die Hütte. Eine gute Beschäftigung für Schlechtwettertage!

Friend in einem nach außen offenen Riss von der Seite und von oben

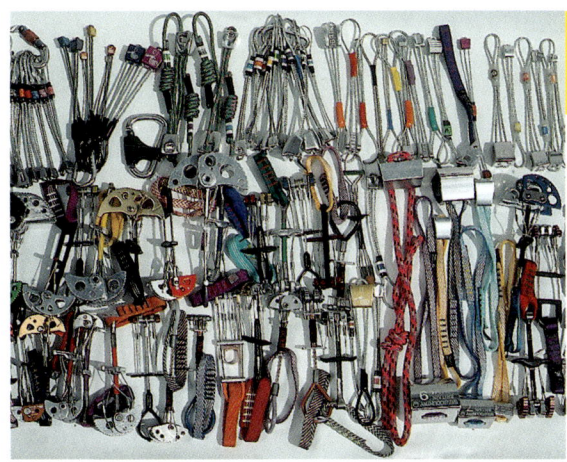

Gefahren

Ist eine Zwischensicherung fraglich, muss man abschätzen, was passiert, wenn die Sicherung versagt. Ist es über eine weite Strecke die einzige Sicherung, versucht man so bald wie möglich eine weitere, gute Zwischensicherung anzubringen. Ist das nicht möglich, gilt es so zu klettern, dass man nicht stürzt.

Man kann allerdings nicht jeder Zwischensicherung misstrauen, sonst wird man nie schwer klettern. Moderne Bohr- oder Verbundankerhaken halten normalerweise allen möglichen auftretenden Kräften stand.

Bouldern

Das Bouldern oder zu Deutsch – Klettern in Absprunghöhe – ist eine hervorragende Form des Trainings. In den letzten Jahren ist allerdings mehr als nur Training daraus geworden. Das Bouldern hat sich zu einer eigenen Disziplin oder Spielart des Kletterns entwickelt. Die Entwicklung ist vergleichbar mit der des Sportkletterns, die sich vom alpinen Klettern abgespalten hat, obwohl es anfangs als Training fürs Alpine galt.

Inzwischen gibt es Boulderwettkämpfe auf Weltcupniveau. Es gibt Kletterer, die nichts anderes mehr machen als bouldern. Sie besitzen nicht mal mehr ein Seil.

Wer bouldern als Training fürs Klettern sieht, geht sicherlich mit einer etwas anderen Einstellung daran. Da beim Bouldern das Gefahrenmoment (fast ganz) ausgeschlossen ist, werden hier die höchsten Schwierigkeiten erreicht. Man kann sich einzig und alleine aufs Klettern und auf die Bewegung konzentrieren und muss sich nicht über die Absicherung Gedanken machen.

Bouldern eignet sich für das Sportkletterertraining besonders zum Ausloten der Grenzen. Wie lange halten die Füße? Welche Griffe kann man noch halten? Wie lange kann das Gleichgewicht stabilisiert werden?

Aber trotz der vermeintlichen Sicherheit gilt es auch beim Bouldern einiges zu beachten:

Material

Das Schöne am Bouldern ist, dass man nicht mit einem riesigen Wust an Material durch die Gegend ziehen muss. Wer nur ab und an zum Bouldern geht, braucht Schuhe, einen Chalkbag und funktionelle Bekleidung. Auch sinnvoll ist ein Fußabstreifer zum Säubern der Schuhe am Einstieg.

Wer das Bouldern etwas ernsthafter betreiben möchte, sollte sich noch eine Bürste zum Putzen von Griffen mitnehmen und sich vor allem ein so genanntes Crashpad anschaffen. Das ist eine

Matte, die man an die Einstiege legt, um Absprünge oder Stürze abzusoften. Diese Bouldermatten sind aus sehr festem Schaumstoff, sodass man sie nicht schon beim Absprung aus 30 Zentimeter Höhe durchtritt.

Sicherheit beim Bouldern

Auch ein Sprung aus 20 Zentimeter Höhe auf den Boden kann unter ungünstigen Umständen zu einem Bänderriss oder Schlimmerem führen. Daher muss man immer schauen, wie das Gelände unter dem Boulder aussieht. Hindernisse wie Steine sollten vorher so gut wie möglich weggeräumt werden. Gut ist natürlich ein Crashpad. Darüber hinaus bringt das so genannte Spotten ein hohes Plus an Sicherheit. Das bedeutet, dass eine andere Person unter dem Kletterer steht und diesen im Falle eines Sturzes abbremst. Dabei ist allerdings darauf zu achten, dass er nicht versucht, den Stürzenden zu fangen. Denn beim Spotten geht es vielmehr darum, den Kletterer abzubremsen und aufzurichten, damit dieser nicht unkontrolliert nach hinten fällt. Am günstigsten ist es, unter dem Körperschwerpunkt zu spotten. Außer in Überhängen. Da spottet man eher den Oberkörper.

Wo kann man bouldern?

Bouldern ist überall da möglich, wo es Felsen gibt, die etwas höher als ein Meter sind. Häufig sieht man Boulderer bei einem so genannten Sitzstart. Dabei wird, wie der Name schon sagt, im Sitzen gestartet, unter anderem weil die Höhe des Felsens einen Start im Stehen nicht hergibt. Gebouldert werden kann natürlich auch an jedem Felsen, wo Kletterrouten sind. Es eignet sich hervorragend für größere Gruppen, wo beim Klettern immer wieder Leerlauf entsteht. Allerdings sollte man grundsätzlich darauf achten, nicht unter anderen Kletterern herumzuklettern.

Das wohl bekannteste Bouldergebiet ist Fontainebleau in der Nähe von Paris. Hier liegen Felsblöcke wie wahllos von Riesenhand verteilt in der Gegend. Der Untergrund ist sandig. Es gibt markierte Boulderparcours in jedem Schwierigkeitsgrad. Auch eine tolle Sache für Familien mit Kindern. Darüber hinaus hat fast jede Kletterhalle eine Bouldergrotte oder einen Boulderbereich.

Training

Wer besser werden will, muss trainieren! Das ist nichts Neues. Aber was ist Training überhaupt?

Definition Training

Training ist ein planmäßiger, zielorientierter Handlungsprozess, der zu einer Verbesserung der allgemeinen und speziellen sportlichen Leistungsfähigkeit führt.

Zwei Begriffe fallen bei der Definition von Training besonders auf: »planmäßig« und »zielorientiert«. Sie setzen voraus, dass man weiß, was man erreichen will und dass man auch weiß, wie man es erreichen kann.
Jemand, der hauptsächlich Freude am Klettern

Sicherlich der berühmteste Boulder der Welt: Midnight Ligthning im Yosemite

haben will, die Bewegung genießen möchte und etwas für seine Gesundheit und Fitness tun möchte, wird sich nicht in einen Prozess von täglichen Trainingseinheiten begeben. Aber auch wer nicht jeden Tag trainiert, kann natürlich seine Leistung verbessern.

Ziel des Trainings

Das vorläufige Ziel für Kletteranfänger soll sein, die Routen der unteren und mittleren Schwierigkeitsgrade sicher und souverän, zuerst im Nachstieg und später auch im Vorstieg zu durchsteigen. Einen genauen Schwierigkeitsgrad festzulegen, wäre an dieser Stelle sicherlich falsch. Zu sehr wird der von Persönlichkeitsmerkmalen bestimmt:

Physische Persönlichkeitsmerkmale (kletterspezifisch)

- Geschlecht
- Gewicht
- Größe
- Alter
- Gesundheitszustand.

Psychische Persönlichkeitsmerkmale

Daneben sind natürlich auch die psychischen Persönlichkeitsmerkmale ein wichtiger Faktor. Jemand der wenig Angst hat, wird sicherlich früher eine Route vorsteigen als jemand, der viel Angst hat.

- Motivation
- Angst
- Konzentrationsfähigkeit
- Entschlussfreudigkeit.

Was ist als Basis nötig?

Das Ziel, Routen der gemäßigten Schwierigkeitsgrade zu klettern, ist hauptsächlich abhängig von:

- Grundlagenausdauer
- Kraft
- Beweglichkeit
- Technik
- Motivation
- Angst.

Dies sind dementsprechend auch die Faktoren, die es zu trainieren gilt. Dabei unterteilen sich die einzelnen Punkte teilweise noch in einige Unterpunkte.

Grundlagenausdauer

Grundlagenausdauer ist das Fundament aller Ausdauerbelastungen. Da beim Klettern der Organismus in komplexer Weise beansprucht wird, ist eine solide Grundlagenausdauer Voraussetzung für eine gute Kletterleistung. Es kommt sicherlich nicht darauf an, einen Marathon in drei Stunden zu laufen, aber man sollte auch nicht nach einem Treppenabsatz außer Puste sein.
Eine gute Grundlagenausdauer gewährleistet eine bessere Grundversorgung des Organismus mit Sauerstoff. Damit sind die Muskeln leistungsfähiger, was beim Klettern eine wichtige Voraussetzung ist.

Wie trainiere ich die Grundlagenausdauer?

Wie der Name schon sagt, bildet die Grundlagenausdauer die Basis für alle Ausdauersportarten. Oberhalb der Grundlagenausdauer spezialisieren sich die verschiedenen Ausdauersportarten je nach Intensität und Dauer.
Jede Art der körperlichen Bewegung, die über eine Mindestzeit anhält (mehr als 30 Minuten), fördert die Grundlagenausdauer. Das kann das Umgraben des Gartens sein, was mehrere Stunden dauert, das kann aber auch die allmorgendliche Fahrradfahrt zum Bahnhof sein, wenn dieser nicht gleich um die Ecke ist. Wichtig dabei ist eine gewisse Kontinuität bei der Art der Belastung. Einmal mit dem Rad ins Büro zu fahren, dann aber wieder zwei Wochen lang nichts zu machen, bringt keine Leistungsverbesserung.

Typische Betätigungen für die Grundlagenausdauer

- Rad fahren
- langsam Joggen
- Walking
- Inlineskating
- Skilanglauf
- Skitour
- Bergwandern
- Schwimmen
- diverse Arten des Fitnesstrainings.

Drei Belastungen über die Woche verteilt und mit einer Dauer von jeweils einer Stunde oder mehr und mit einem Puls von 120 bis 140 sind eine ausreichende Betätigung für eine gute Grundlagenausdauer.

Kraft

Die Kraft ist sicherlich das Synonym für den Klettersport. Das kommt daher, dass die meisten Fotos, die man in Magazinen und Büchern sieht, aus Routen der absolut oberen Schwierigkeitsgrade stammen. Für den Normalkletterer ist sicherlich ein gewisses Maß an Kraft erforderlich, aber nicht in dem Maße, wie es teilweise suggeriert wird.

Die Kraft unterteilt sich in einige verschiedene Bereiche, abhängig von der Dauer und Intensität der Belastung:

- Kraftausdauer (60 bis 80 Prozent der Maximalleistung)
- Maximalkraftausdauer (80 bis 95 Prozent der Maximalleistung)
- Maximalkraft (95 bis 100 Prozent der Maximalleistung).

Bei der Frage nach dem richtigen Training ist natürlich das Ausgangsniveau ein entscheidender Faktor. Hier sei unterstellt, dass der Kletterer ein gesunder, sportlicher Mensch ist, der nicht übergewichtig ist und vielleicht den einen oder anderen Klimmzug schafft.

Die Kraftkomponente, die der Genusskletterer am meisten braucht, ist der Bereich der Kraftausdauer, vielleicht noch ein Teil der Maximalkraftausdauer. Dass dies natürlich wieder in engem Zusammenhang mit der Klettertechnik steht, ist offensichtlich. Ein Kletterer, der seine Füße gar nicht einsetzt, aber eine Route im fünften Schwierigkeitsgrad klettern will, braucht dafür sicherlich seine Maximalkraft und Maximalkraftausdauer. Bei diesem Kletterer sollte das Training aber zuerst auf die Verbesserung der Technik abzielen, bevor Kraft trainiert wird.

Training der Kraftausdauer

Die Kraftausdauer für das Klettern trainiert man am besten durch – klettern, klettern, klettern. Ge-

rade für Klettereinstei-
ger ist das in aller Re-
gel eine gut geeignete
Form des Trainings.
Man sammelt neben-
bei Bewegungserfah-
rung, verbessert ohne
es zu bemerken seine
Technik und baut Kraft
auf. Wer allerdings
nur einmal die Woche
oder noch weniger
zum Klettern kommt,
aber trotzdem seine
Leistung steigern will,
sollte zwischen den
einzelnen Klettereinheiten die eine oder andere
Trainingseinheit einlegen.

Dazu ein kurzer Exkurs in die Trainingslehre:
Jedes Training bewirkt ein kurzfristiges Absinken
der Leistungsfähigkeit. Am Ende des Trainings
(oder des Klettertages) ist die Leistungsfähigkeit
auf dem niedrigsten Niveau angelangt. Danach beginnt der Prozess der Regeneration. Der endet
aber nicht beim ursprünglichen Niveau, sondern
der Körper versucht erneuten Reizen vorzubeugen,
indem er die Reserven über das ursprüngliche Niveau hinaus auffüllt. Erfolgt nun (immer wieder)
zum richtigen Zeitpunkt (also in dem Moment, wo
die Leistungsfähigkeit am höchsten ist) der
nächste Reiz, ist eine kontinuierliche Leistungssteigerung der Effekt. Dieser Vorgang nennt sich
Superkompensation.

Erfolgt kein weiterer Reiz, sinkt die Leistungsfähigkeit schnell wieder auf das ursprüngliche Niveau
ab. Deshalb ist die Abfolge der Trainingseinheiten
ein wichtiger Punkt. Sicherlich wird man anfangs
eine Leistungssteigerung feststellen, auch wenn
man nur einmal die Woche zum Klettern geht.
Allerdings beruht diese eher auf der Verbesserung
anderer Komponenten (Bewegungserfahrung,
Technik …) als auf einer Zunahme der Kraft.
Um für den Bereich der Kraftausdauer zu trainieren, braucht man keine teuren Geräte und auch
keine Jahreskarte für das Fitnessstudio. Vieles

Verbesserung der Leistungsfähigkeit durch optimal gesetzte Trainingsreize

lässt sich mit etwas Fantasie und Improvisation
auch zu Hause machen.
Nützlich ist eine Reckstange, die man in einen
Türrahmen spannen kann. Dazu ein Deuserband
(kräftiges Gummiband) – und fertig ist die Trai-
ningsecke. Wer eine Treppe zu Hause hat, hat eine
weitere gute Möglichkeit.
Beispiel: Soll bei einem Ausgangsniveau von drei
Klimmzügen die Kraftausdauer trainiert werden,

Eine Variante des Hometrainers

muss man mit weniger Gewicht als dem Körpergewicht trainieren. Das geht am besten mit dem Deuserband. Dafür wird das Deuserband an der Reckstange befestigt und man steigt mit den Beinen in das Band, sodass es einen Teil des Körpergewichts auffängt. Bei diesem Ausgangsniveau ist es mit Deuserbandunterstützung realistisch, acht bis zehn Klimmzüge hinzubekommen. Das ist eine gute Basis (100 Prozent). Nun macht man fünf bis acht Klimmzüge und etwa drei Minuten Pause, dann wieder fünf bis acht Klimmzüge. Nach dreimal Klimmzügen mit dreimal Pause (= eine Serie) macht man eine längere Pause von etwa fünf bis sieben Minuten. Danach wird die Serie wiederholt, das ganze dreimal.

Dies ist ein Beispiel für eine Trainingsmöglichkeit. Aber auch Liegestütze, Bankdrücken oder Übungen mit der Kurzhantel können mögliche Trainingsinhalte sein.

Beim Training der Kraftausdauer an der Kletterwand sollte eine Route ausgesucht werden, die man einmal gut hinaufkommt, wo sich allerdings in

den Armen etwas »rührt«. Diese Route wird jetzt so lange geklettert (evtl. rauf und runter), bis nichts mehr geht. Das müsste so um die dreimal gehen. Wird man auch nach vier oder fünf Begehungen nicht müde, ist die Route zu leicht. Schafft man keine zwei, ist sie etwas zu schwer.

Fingerkraft

Die Fingerkraft ist beim extremen Klettern der limitierende Faktor. Die Finger sind durch den täglichen Gebrauch schon mehr (Schreiner, Masseur …) oder weniger (Bürojob) gut trainiert. Auch für den ambitionierten Genusskletterer macht ein bedingtes Fingerkrafttraining Sinn. Wie auch die anderen Kraftkomponenten kann natürlich auch die Fingerkraft durch klettern trainiert werden. Hier ist es allerdings schwieriger als bei den Armen, die Routen so gezielt auszusuchen.

Fingerkraft wird am effektivsten durch Hängen an einer Leiste trainiert. Es ist grundsätzlich darauf zu achten, dass man die Finger beim Training nicht aufstellt (gilt natürlich auch fürs Klettern). Sonst kann es schnell zu Verletzungen kommen.

Die Leisten, an die man sich hängt, sollten etwa zwei bis drei Zentimeter tief sein und deutlich abgerundete Kanten haben. Je nach Ausgangsniveau hängt man sich nun für zehn bis zwölf Sekunden an diese Leisten. Auch hier kann das Deuserband zur Entlastung dienen.

Auch das Kneten von Gummimasse, Gummiringen und Tennisbällen ist eine gute Übung für das Büro, den Stau im Auto oder die S-Bahn.

Beweglichkeit

Auch wenn man immer das Gefühl hat, die Route nicht klettern zu können, weil zu wenig Kraft da ist, darf man die Beweglichkeit nicht vergessen. Gerade im Bereich von Hüfte und Schultern ist beim Klettern eine gesteigerte Beweglichkeit nötig. Wer nicht regelmäßig seine Beweglichkeit trainiert, bekommt dies beim Klettern recht schnell zu spüren: Sei es, dass der Fuß nicht hoch genug gehoben werden kann oder dass man das Becken nicht weit genug über das Standbein bekommt. Eine hohe Beweglichkeit spart Kraft und ermöglicht oft

Optimales Trainingsgerät: das Campus-Board

erst einen effizienten und schönen Kletterstil. Deswegen sollte man vor jedem Training und auch vor und/oder nach jedem Klettern Übungen zur Verbesserung der Beweglichkeit einbauen. Das sind in der Basis dieselben Übungen, die auch beim Aufwärmen gemacht werden. Bei echten Beweglichkeits-Trainingseinheiten können aber natürlich noch weitere Übungen dazu kommen, die besonders individuelle Schwachpunkte »bearbeiten« und daher auch individuell abgestimmt sein sollten.

Motivation

Motivation lässt sich nicht so einfach in einer Trainingseinheit verbessern. Die Motivation wird von vielen verschiedenen Faktoren beeinflusst. Sie hängt ganz maßgeblich mit der persönlichen Zielsetzung zusammen, mit der der Einzelne den Sport betreibt und wird nicht bei jedem Mal gleich sein. Ein Motivationsansporn kann eine Kletterroute oder ein Schwierigkeitsgrad sein, den man bisher nicht geschafft hat. Aber das Ziel muss dabei realistisch gewählt werden, da es sonst auch zu Frustration kommen kann, weil man das gesteckte Ziel nicht erreicht.

Angst

Angst – oder besser die Beherrschung der Angst – kann durch ganz gezieltes psychologisches Training trainiert werden. Allerdings bedarf es dazu sehr viel Erfahrung oder eines professionellen Trainers. Normalkletterern hilft vor allem ein solides Vertrauen in die Sicherungskette und etwas Erfahrung beim Stürzen. Daher können Sturzübungen (siehe Seite 57) ein geeignetes Mittel sein, Angst abzubauen oder gar nicht erst aufkommen zu lassen.

Übungsformen und Kletterspiele

Klettern muss nicht immer als ernsthafte Tätigkeit nach strengem Muster verlaufen. Kletterspiele und Kletterübungen bringen oftmals Spaß, besonders wenn man sie in der Gruppe macht, und können eine gute Übung für bestimmte Techniken sein.

Blind klettern

Mit verbundenen Augen zu klettern ist eine Erfahrung, die jeder Kletterer einmal machen sollte. Ziel ist es, sich nicht nur auf seine Augen zu verlassen, sondern die Griffe und vor allem auch die Tritte zu erfühlen und ständig eine kontrollierte Position inne zu haben.
Dabei sucht man sich leichte, gut strukturierte Routen aus. Auch Kletterhallen mit künstlichen

Griffen, die in aller Regel positiv (vorstehend) sind, eignen sich gut für das Klettern mit verbundenen Augen. Dass man dabei im Toprope klettert, sollte selbstverständlich sein.

Je nach Variation kann man die Übung so gestalten, dass der Kletterer die Griffe und Tritte angesagt bekommt oder dass er sich alles selbst suchen muss.

Der Trainingseffekt: Man muss dabei immer eine stabile Position zum Weitergreifen und Weitertreten einnehmen. Denn generell gilt: Dynamisch und/oder unkontrolliert weitergreifen, ohne zu wissen wohin, wird nicht zum Erfolg führen. Zusätzlich wird das Gefühl für den Fels gefördert, der Gleichgewichtssinn, das Vertrauen in sich selbst. Auch bekommt man mitunter einen ganz anderen Eindruck, ein ganz anderes Gefühl zu der Materie Fels, wenn man einen so übergeordneten Sinn wie das Sehen einmal ausschaltet.

Zusammengebundene Füße

Eine alte Kletterregel besagt: Kleine Schritte große Freude, große Schritte kleine Freude. Oder in einer etwas anderen Version: Kleiner Schritt hält dich fit, großer Schritt nimmt dich mit.

Wer versucht, sich aus einer tiefen Kniebeuge heraus einbeinig hochzudrücken, wird feststellen,

dass das nur sehr, sehr schwer geht. Macht man dagegen eine »halbe« Kniebeuge, geht das recht einfach.

Genauso verhält es sich beim Klettern. Sehr hohe Tritte sind Kraft raubend. Also versucht man am besten, kleine Schritte zu machen. Eine gute Übung dazu ist es, die Füße hinten zusammenzubinden. Das geht sehr gut mit einer Expressschlinge. Da alle Schuhe hinten Anziehschlaufen haben, ist es am einfachsten, dort eine nicht zu kurze Expresse einzuhängen. Der Bewegungsfreiraum für die Füße ist jetzt deutlich eingeschränkt.

Trainingseffekt: Eine gute Übungsform für die Fußtechnik. Man muss Tritte mit geringen Abständen nehmen, auch wenn diese vielleicht kleiner sind als einem lieb ist.

Einarmig klettern

Lässt das Gelände es zu, ist das einarmige Klettern eine weitere sehr gute Übung für die Fußarbeit. Die Route muss leicht geneigt sein, sonst wird es nicht funktionieren, weil man sonst die Arme zum Stabilisieren braucht. Ob der zweite Arm auf dem Rücken gehalten werden muss oder mit der Faust zum Abstützen am Fels benutzt werden darf, ist Definitionssache.

Klettern mit zusammengebundenen Füßen

Boulderspiele in der Kletterhalle

Besonders interessant kann so eine Übung auch in einer Verschneidung sein. Ohne eine gute Technik ist da ganz schnell Schluss. Wer sich danach noch einmal »normal« in die Route begibt, wird schnell feststellen, wie einfach es auf einmal geht, auch wenn er sich beim ersten Versuch mit beiden Händen (vor der einarmigen Übung) vielleicht noch ziemlich schwer getan hat.

Trainingseffekt: Um einarmig sauber zu klettern, muss man gut auf den Füßen stehen. Es muss nach jedem Zug eine stabile Position gefunden werden. Weite Tritte funktionieren nicht, weite Züge meist auch nicht.

Boulderspiele

Das Bouldern bietet sich besonders für Übungsformen, Spiele oder kleine Wettkämpfe an. Am besten funktionieren die Übungen, wenn ähnlich gute Kletterer zusammen trainieren.

Einer gibt einen Boulder mit wenigen Zügen vor, die anderen müssen die Züge nachklettern. Dabei werden dem Kletterer die Griffe angesagt, entweder mit der Hand, einem Stab oder ganz dekadent mit dem Laserpointer.

Es ist auch eine sehr gute Übung, die Griffe nicht anzuzeigen, sondern sich möglichst viele Züge zu merken. Diese Spielchen kann man endlos variieren. Die Tritte können vorgegeben sein oder aber die Trittwahl ist frei. Dann kann man denselben Boulder machen und Tritte wegdefinieren.

Auch das Überwinden von Passagen mit möglichst wenig Kletterzügen kann eine sehr interessante Übung sein. Oder genau das Gegenteil. Eine Passage mit möglichst vielen Zügen zu klettern, ohne einen Griff oder Tritt zweimal zu benützen.

Man kann auch den Zeitaspekt mit berücksichtigen: »Wer klettert am schnellsten, wer kann sich am längsten halten…?«

Trainingseffekt: In Absprunghöhe kann viel probiert werden: Der Fantasie sind hier keine Grenzen gesetzt. Mit dem richtigen Team sind so schnell drei Stunden rum und man selbst ist gnadenlos »platt«, ohne dass man gemerkt hat, wie die Zeit vergangen ist.

Was man sonst noch wissen sollte

Klettern ist eine komplexe Betätigung. Dazu gehört auch, sich Wissen über das Umfeld anzueignen. Ein immer wichtigerer Punkt ist der Umweltschutz. Viele Klettergebiete sind von Sperrungen bedroht, sofern Klettern dort nicht schon verboten ist. Jeder ambitionierte Kletterer sollte darüber hinaus über Grundwissen zu kletterspezifischen Verletzungen und Überlastungen verfügen. Auch etwas Theorie zu speziellen Gefahren beim Klettern in alpinem Gelände ist hilfreich. Denn wie heißt es so schön: Gefahr erkannt, Gefahr gebannt.

Verhalten bei Unfällen

Dass beim Klettern ein Sturz vorkommen kann, der nicht glimpflich endet, liegt auf der Hand. Dabei besteht dann je nach Höhe und Verlauf der Route das Problem, wie man den Gestürzten zurück auf den Boden oder zum Standplatz bekommt. Für alpine Klettereien ist dazu ein recht umfassendes Wissen nötig, um nicht noch Folgeunfälle zu provozieren. Hier ist es von Vorteil, auf Profis (Bergführer) oder die organisierte Rettung (Bergwacht) zu warten. Zumindest dann, wenn man eine Unfallmeldung absetzen konnte oder wenn andere Kletterer den Unfall mitbekommen haben und man selbst nicht über das nötige Wissen verfügt.
Im Klettergarten ist es in aller Regel möglich, durch einfaches Ablassen den Boden zu erreichen. Nach Sportkletterstürzen sind meist die unteren Extremitäten betroffen. Bänderrisse und Brüche des Sprunggelenkes sind die häufigsten Folgen. Aber auch die Hände und das Handgelenk werden oft in Mitleidenschaft gezogen.

Allgemeine Verhaltensregeln

Bei aller Art von Unfällen heißt es Ruhe bewahren. Panik ist für den Zustand des Verunfallten nicht gerade förderlich und hilft keinem weiter.
Bei Verletzungen im Klettergarten stellt sich die Frage, ob man den Verunfallten selbst abtransportieren kann oder ob dazu Hilfe notwendig ist. Wenn auch nur ein leiser Verdacht auf schwerwiegendere Verletzungen (Wirbelsäule, Kopfverletzungen …) vorliegt, sollte man unter allen Umständen die organisierte Rettung verständigen. Dazu hält man sich an die Fünf-W-Regel:

Die fünf Ws der Unfallmeldung
- Was ist passiert?
- Wie viele Personen sind verletzt (Art der Verletzung)?
- Wann ist der Unfall passiert?
- Wo ist der Unfall passiert?
- Wer meldet den Unfall?

Auf die Einzelheiten der Ersten Hilfe wollen wir hier nicht eingehen, dazu gibt es umfangreiche Literatur, auch für den Bereich des Bergsports.

Erste-Hilfe-Päckchen

Was jeder Kletterer oder zumindest jede Gruppe dabei haben sollte, ist ein Erste-Hilfe-Päckchen. Klingt banal, aber ganz ehrlich: Wer hat das immer dabei? Und auch gerade für kleine Blessuren ist ein First-Aid-Kit sehr hilfreich.

Inhalt des Erste-Hilfe-Päckchens:

- 2 Verbandspäckchen
- elastische Binde
- 3 Mullbinden
- Wundauflagen
- Tape
- Heftpflaster
- spezielles Blasenpflaster
- eine kleine Schere
- ein starkes Schmerzmittel
- Dreieckstuch
- Rettungsdecke.

Auch ein Handy gehört heute zum Standard. Wer gegen das Handy ist, sollte immer bedenken: Es kann Leben retten! Das gilt natürlich insbesondere für die ganzen alpinen Aktivitäten, aber auch für den Klettergarten. Häufig ist man auch hier eine halbe Stunde über unwegsames Gelände von der Zivilisation getrennt.

Neben den Unfalleinwirkungen durch Sturz oder Absturz klagen Kletterer am häufigsten über Probleme durch so genannte kleine Verletzungen oder Überlastungssymptome.

Verletzungen und Überlastungen

Klettern ist ein gesunder Sport. Fachleute raten beispielsweise häufig Leuten mit Rückenproblemen zu klettern. Klettern beansprucht fast den gesamten Körper (und Geist). Es werden viele Muskelgruppen gefordert. Außerdem sind oftmals schwierige, koordinative Aufgaben zu bewältigen. All das macht Klettern zu einem Sport, der von Ärzten gemeinhin als empfehlenswert eingestuft wird.
Aber natürlich hat auch das Klettern seine Gefahren. Neben dem Risiko eines Absturzes und den damit verbundenen schwerwiegenden Verletzungen (die hier nicht Thema sind) bilden vor allem Verletzungen und Überlastungen der oberen Extremitäten sowie der Knie die häufigsten Beschwerden.

Anpassungsvorgänge

Die Adaptation im menschlichen Organismus läuft leider nicht in allen Bereichen parallel ab. Muskeln können sich am schnellsten neuen Belastungen anpassen. Sie verdicken sich schon nach wenigen Wochen Training. Sehnen brauchen dagegen deutlich länger. Hier sind ein bis zwei Jahre notwendig, um sich einer gesteigerten sportlichen Belastung anzupassen.
Den längsten Adaptationsprozess durchlebt der Knorpel. Er ist am schlechtesten durchblutet und braucht daher länger als alle anderen beteiligten Strukturen. Es kann mehrere Jahre dauern, bis der Adaptationsprozess überhaupt nachweisbar einsetzt.
Aufgrund dieser Tatsachen kann es schnell zu einer Disbalance zwischen Muskeln und Gelenken kommen. Der Muskel reißt (schon) mit einer immensen Kraft an der Sehne, die aber ist auf diese Belastung noch nicht eingestellt. Ebenso wenig das beteiligte Gelenk. Darum kann es besonders schnell an Gelenken und Sehnen zu Überlastungen kommen.
Kletterer, die über Jahre hinweg langsam in das Klettern eingestiegen sind und sich nicht schon nach einem oder zwei Jahren im siebten Grad bewegen, haben damit meist weniger Probleme. Denn Muskeln, Bänder, Sehnen und Gelenke hatten viel mehr Zeit, sich an die Belastung zu gewöhnen. Deshalb sollte nicht unbedingt das vordergründige Ziel sein, möglichst schnell möglichst schwer zu klettern. Es ist besser, einen geringeren Schwierigkeitsgrad sicher zu klettern als sich nach wenigen Klettermonaten schon die schwersten Routen hochzukämpfen.

Was ist betroffen?

Hier müssen wir grundsätzlich unterscheiden zwischen den Verletzungen und den Überlastungen. Mit Verletzungen sind im Folgenden die Probleme gemeint, die nicht durch einen Absturz, sondern durch eine konkrete Klettersituation hervorgerufen werden. Das können unter anderem Ringbandrisse im Finger oder Meniskusquetschungen im Knie sein.

Überlastungen hingegen sind langsam auftretende Beschwerden, bei denen sich meist eine Summe von Microtraumen zu einem konkreten Problem summieren. Sehnenscheidenentzündungen oder Muskelverhärtungen sind typische Beispiele für diese Art von Beschwerden.

Kletterverletzungen

Von Verletzungen am häufigsten betroffen sind beim Klettern die Finger bzw. die Hand. Das ist nicht erstaunlich, ist die Hand doch das direkteste Bindeglied zwischen Fels und Kletterer. Danach wandert die Häufigkeit der Verletzungen langsam weiter nach oben. Ellenbogen und Schultern sind die am zweit- bzw. dritthäufigsten verletzten Körperregionen.

Zur Vorbeugung von Verletzungen kann ein regelmäßiges Aufwärmen dienen. Neben allgemeinen Übungen sollten vor allem die oberen Extremitäten gezielt und gründlich aufgewärmt und gedehnt werden.

Auch das Bewusstsein von Gefahrenmomenten kann zur Verletzungsprophylaxe beitragen. Scharfkantige Griffe können zu einem Nervenkompressionssyndrom am Finger führen. Greift man in ein Fingerloch und stürzt, sind böse Folgen möglich (der Finger ist noch im Fingerloch, aber der Kletterer schon weiter unten). Auch das Abrutschen von Griffen kann oberflächliche Hautverletzung mit sich bringen. Ist die Gefahr offensichtlich, kann man sie meiden. Entweder man nimmt einen anderen Griff oder zieht sich aus der Route zurück. Dem Hobby- und Spaß-Kletterer sollte keine Route eine (ernsthafte) Verletzung wert sein.

Überlastungserscheinungen durchs Klettern

Bei Überlastungen verhält es sich etwas schwieriger. Lange spürt man gar nichts, dann fangen vielleicht leichte Beschwerden an, die man noch ignoriert. Wenn dann ein echtes Überlastungssyndrom da ist, ist es erst einmal zu spät.

Ein typisches Überlastungssyndrom ist eine Sehnenscheidenentzündung im Unterarm. Der Normalbürger beansprucht die Unterarme kaum, aber beim Klettern werden sie stark belastet. Bei den gemäßigten Schwierigkeiten fällt das vor allem beim Klettern in der Halle auf. Somit kommt es dann in den Unterarmen entsprechend schnell zu Überlastungssymptomen.

Egal wie die Probleme geartet sind, man sollte dann immer die Belastung verringern, wenn nicht sogar für eine Zeit ganz aussetzen. Gleichzeitig hilft bei den meisten Überlastungsschäden eine Behandlung mit Eis. Zur genauen Diagnose ist es aber bei schwerwiegenderen Problemen unumgänglich, einen Arzt aufzusuchen. Bei der Auswahl macht es Sinn, einen Arzt zu wählen, der sich mit dem Klettern auskennt. Wenn man andere Kletterer fragt, findet sich meist schnell einer, der einen geeigneten Arzt empfehlen kann.

Wer sein theoretisches Wissen zum Thema Verletzungen und Überlastungen beim Klettern erweitern möchte, hat mit dem Buch »So weit die Hände greifen« (siehe Literaturverzeichnis) ein geeignetes Werk zur Hand.

Klettern mit Kindern

Klettern ist eine Sportart, die man auch hervorragend mit Kindern ausüben kann. Seien es Kinder, die noch nicht selbst klettern oder aber Kinder, die

Packesel: Eltern mit Kindern auf dem Weg zum Fels

schon Hand an den Fels legen. Dabei ist der pädagogische Aspekt besonders hervorzuheben. Beim gegenseitigen Sichern wird das Vertrauen zueinander und das Verantwortungsbewusstsein gefördert. Das haben auch die Berufspädagogen erkannt und Klettern wird häufig schon in der Schule als Sportart angeboten.

Kleinkinder

Beim Klettern mit kleinen Kindern kommt es zuerst darauf an, dass der Zustieg nicht zu lang ist und eventuell auch mit Kinderwagen begangen werden kann. Neben der normalen Kletterausrüstung muss noch eine Vielzahl weiterer Sachen mit, der Zustieg gerät so schnell zur Buckelei.

Am Fels sollte der Einstieg mehr oder weniger eben sein. Sind die Kinder noch sehr klein, bietet es sich an, die Tragetasche oder das Maxicosi an einen Baum oder am Fels aufzuhängen und zu schaukeln. Generell ist dabei natürlich darauf zu achten, dass Steinschlag nahezu hundertprozentig ausgeschlossen werden kann.

Problematischer wird es mit Kindern, die schon Krabbeln oder Laufen. Da darf die Umgebung des Massivs nicht absturzgefährdet sein. Auch hier ist es optimal, wenn eine größere ebene Fläche in der Nähe ist. Bei Kindern in diesem Alter ist es am sinnvollsten, mit mehreren Familien zusammen Klettern zu gehen. So kann man sich immer gegenseitig ablösen. Die Kletterer können guten

Das sollte mit:

- Kinderkraxe und/oder Kinderwagen
- Wickelsachen
- Essen und Trinken
- Isomatte oder Decke zum Drauflegen
- Spielsachen (Eimer und Schaufel)
- Buddelhose (Gummiüberhose)
- Wechselbekleidung (2-mal)
- Mütze/Sonnenhut
- Sonnencreme
- evtl. Fahrradhelm für Kleinkinder (Steinschlag)

Gewissens klettern und die Kinder sind gut beaufsichtigt.

Bereits für Zwei- bis Dreijährige sind Attraktionen wie der Flying Fox (Seilrutsche) immer sehr willkommen. Der lässt sich mit etwas Improvisation schnell zwischen ein paar Bäumen aufbauen. Es gibt Gurte, die so weit zu verstellen sind, dass sie sogar Zweijährigen passen.

Klettern mit größeren Kindern

Können die Kinder schon selbst klettern, führt man sie vorsichtig und spielerisch ans Klettern heran. Fast jedes Kind klettert gerne, besonders, wenn es das bei den Eltern schon immer gesehen hat. Hier ist vor allem bei der Auswahl des Gebietes darauf zu achten, dass es leichte Routen gibt, die auch für die Kinder machbar sind. Dabei müssen es gar nicht immer komplette Routen sein, sondern oft reichen den Kiddys schon die ersten zehn Meter einer Route. Man muss ihnen nur ein Ziel vorgeben, das es für sie zu erreichen gilt. Dabei kann auch schon mal eine Tüte Gummibärchen an der Umlenkung als Ziel herhalten.

An Material gibt es für die Kleinen mittlerweile fast alles, was es für die Großen auch gibt. Die Kletterschuhe gehen runter bis Größe 25. Auch Gurte sind kein Problem. Allerdings sollte man beim Angurten von Kindern darauf achten, dass die Kinder

Kindgerecht: Seilrutschen laden zum Spielen ein und schaffen Vertrauen.

Kinderkletterschuhe in Größe 25

entweder mit einem Kombigurt klettern oder einen Sitzgurt zusammen mit einem Brustgurt verwenden. Die Taille bei den Kindern ist noch nicht so ausgeprägt wie bei Erwachsenen und der Körperschwerpunkt liegt weiter oben. Klettert ein Kind nur mit Hüftgurt, könnte es passieren, dass es aus dem Gurt rutscht, wenn es in eine Kopf-nach-unten-Lage gerät.

Für die Größeren ist auch das Abseilen eine tolle Sache. Mit zwei Erwachsenen – einer steht oben und beaufsichtigt das Einhängen, einer hält das Seil unten fest und kontrolliert das Tempo – kann nichts passieren (siehe Kapitel »Wie komme ich wieder runter?«).

Mit mehreren Kindern am Fels muss man vor allem aufpassen, wenn kinderlose Kletterer da sind. Die Einstiege sollten frei sein, unter Kletterern ist kein Kinderspielplatz.

Viele Führer weisen inzwischen die Kinderfreundlichkeit von Gebieten aus. Das ist ein Zeichen dafür, dass die Generation, die mit dem Klettern groß geworden ist, inzwischen selbst Kinder hat. Auch haben sich in vielen Alpenvereinssektionen Familiengruppen gebildet, die gemeinsam am Wochenende unterwegs sind und Urlaube zusammen verbringen.

In einigen Gebieten gibt es extra für Kinder eingerichtete Routen, wo die Kurzen das Vorsteigen üben können. Die Absicherung ist entsprechend. Fangen die Kinder an, selbst zu sichern, ist es

anfangs sinnvoll, dabeizustehen und das Ganze zu beaufsichtigen. Sichern die Kinder irgendwann Mama oder Papa, muss man den Gewichtsunterschied bedenken. In diesem Fall ist es das Beste, nur im Toprope zu klettern und die Sicherung über einen Fixpunkt (Baum, Standhaken …) zu bewerkstelligen.

Mit Kindern in der Halle

Kletterhallen sind für Kinder meist ein Erlebnis. Viele Hallen sind auf Kinder eingestellt und haben extra Bereiche für Kinder mit Spielsachen und Tobe-Ecken. Problematisch wird es mit Kindern zu Stoßzeiten, wenn die Hallen oft restlos überfüllt sind. Wenn die Kinder zwischen den Beinen der Sichernden rumwuseln und der Sichernde einen Schritt nach hinten macht, kann das für beide übel enden. Auch hier ist eine Arbeitsteilung angebracht. Die einen spielen mit den Kindern und die anderen klettern. Hat man keine Aufsicht für die Kinder, sollte man Hallen zur Rushhour eher meiden.

Für Kinder eine tolle Sache: gut abgesicherte Routen zum Vorsteigen

Hubschrauberrettung im Gebirge

Alpine Gefahren

Dass man abstürzen kann, wenn man sich irgendwo in die Höhe begibt, ist bekannt. Damit das nicht passiert, hat man sich viel spezifisches Wissen angeeignet. Aber neben der direkten Gefahr des Absturzes lauern im Gebirge oder auch im Klettergarten noch weitere Gefahren.

Steinschlag

Ein oft unterschätztes Gefahrenmoment ist der Steinschlag. Steinschlag kann überall da auftreten, wo es steile (nicht zwingend senkrechte) Hänge gibt. Kalk neigt von der Struktur her wesentlich mehr zu Steinschlag als beispielsweise Granit. Deswegen sieht man Kletterer im legendären Yosemite Valley in Kalifornien auch meist ohne Helm klettern. Das ist da vielleicht noch verantwortbar, weil die Granitfluchten des Tales sehr kompakt sind und Steinschlag kaum vorkommt.

Vor Steinschlag schützt man sich am besten mit einem Helm. Viele der auftretenden Gefahren kann der Helm abpuffern. Aber an erster Stelle sollte stehen, Steinschlag zu vermeiden und/oder ihm auszuweichen. Befinden sich zahlreiche Seilschaften in einer Route, hört man oftmals schon von weitem die Warnschreie: »Stein«. In solch einem Fall steigt man besser in eine andere Route ein

Im Gebirge nur mit Helm!

oder wartet, bis die oberen Seilschaften aus der direkten Falllinie heraus sind. Lösen Tiere den Steinschlag aus, gibt es keine Vorwarnung. Auch Regen löst Steinschlag aus. Lieber die Route, die für den nächsten Tag vorgesehen ist, ausgiebig planen als sich einer Gefahr aussetzen.

Steht man dann doch einmal da, wo es Steine prasselt, ist die beste Reaktion, zum Fels hin zu laufen und nicht vom Fels weg, wie man es häufig bei Anfängern sieht. Dass ein Stein parallel zur Wand herunter fällt, ohne diesen zu touchieren, kommt so gut wie nie vor. Berührt er die Wand, schlägt er weit außerhalb ein und fast niemals direkt am Wandfuß. Optimalen Schutz bieten natürlich Überhänge. Schon bei der Anlage des Standplatzes kann man darauf achten.

Genauso wichtig wie dem Steinschlag auszuweichen ist es, ihn zu vermeiden. Lose Steine werden nicht achtlos runter geworfen, sondern irgendwo auf die Seite gelegt. Beim Seilzug kann man darauf achten, dass das Seil nicht gerade durch ein Geröllfeld läuft. Wenn mal ein Stein hinunterfällt, sollte man unterhalb kletternde Leute durch einen Warnruf »Stein« auf die Gefahr aufmerksam machen.

Gibt es eingerichtete Abseilpisten, sollten diese auch benutzt werden. Die sind nämlich normalerweise so angelegt, dass Kletterer in den Routen nicht gefährdet werden.

Wettersturz

Wetterstürze, die eine grundlegende Wetterveränderung mit sich bringen, werden in der Regel immer angekündigt. Vor jeder längeren Tour den Wetterbericht einzuholen ist daher eine Selbstverständlichkeit. Und auch wenn am Vortag das Wetter noch so schön war: Ein Wettersturz kann in den Bergen innerhalb von nur wenigen Stunden einen Temperatursturz von 20 Grad und mehr bringen. Eine Kletterroute, die auf einmal nass oder schneebedeckt ist, ist kein Vergnügen. Ein harmloser Vierer wird so schnell zu einer schwierigen Unternehmung. Für längere Touren gehört deswegen immer Wetterschutzkleidung in den Rucksack, auch wenn man noch so sehr aufs Gewicht achtet.

Gewitter

Gewitter im Gebirge sind immer eine ernst zu nehmende Gefahr. Neben Regen, Schnee, Sturm und allem, was daraus entsteht, ist besonders der Blitzschlag ein Gefahrenpunkt. Bei richtigem Verhalten kann man das Restrisiko allerdings enorm reduzieren. Vor allem gilt eines: Ruhe bewahren. Die meisten Unfälle passieren aufgrund einer hektischen »Flucht« und nicht durch die direkten Einwirkungen des Gewitters. Panik hilft nicht weiter, sondern man muss mit der nötigen Übersicht schauen, dass man exponierte Stellen wie Grate, Gipfel oder Erhebungen verlässt.
Am sichersten ist es, sich im freien Gelände auf eine isolierende Unterlage (Rettungsdecke, Biwaksack) zu hocken und abzuwarten. Dabei sollte man das Metallmaterial in einiger Entfernung ablegen. Befindet man sich in der Kletterroute, sind größere Absätze der beste Ort. Die sicherste Zone ist nicht ganz außen und nicht ganz an der Wand. Höhlen und Guffeln sollten gemieden werden, außer sie sind wirklich tief. Zum Höhleneingang ist eine halbe Körperlänge Abstand erforderlich, zum Höhlengrund mindestens eine Körperlänge. Und auch nach oben muss eine halbe Körperlänge Luft sein. Andernfalls kann es sein, das der menschliche Körper eine optimale Kurzschlussbrücke bildet.

Aber auch für die Gewitter gilt: Am besten, man vermeidet sie. Der Wetterbericht kündigt die Neigung zu Wärmegewittern in der Regel am Tag vorher an. Beobachtet man das Wetter aufmerksam, wird auch schnell klar, ob der Tag zu Gewittern neigt oder eher nicht. Bauen sich schon früh am Tag Cumuluswolken (Haufenwolken) auf, die höher als breit sind, steigt man besser in keine lange Tour ein.

Selbstüberschätzung

Die Auswahl der richtigen Tour ist nicht immer ganz leicht. Da sind zum einen die äußeren Faktoren, die unverrückbar sind. Aber jeder will ja die (wenige) Zeit, die er hat, nützen und eine »richtige« Tour machen. Wenn die Route dann noch einen klangvollen Namen hat, umso besser. Das führt häufig zu einer Situation, in der man sich gern zu schweren Routen verleiten lässt. Das Problem dabei: Oft geht es gut. Aber eben nicht immer. Gerade bei alpinen Routen sollte man sich einen Spielraum offen halten und nicht an seiner Leistungsgrenze herumturnen. Leistungsgrenze ist hierbei nicht nur auf den Schwierigkeitsgrad, sondern auf die gesamten alpinen Anforderungen bezogen: Routenfindung, Absicherung, Psyche … Denn Kälte (kein Gefühl in den Finger), Hitze (schwitzige Finger), Nässe (glitschige Tritte und Griffe) oder gar Schnee lassen vermeintlich leichte Touren schnell zu ernsthaften Problemen werden.

Oder ein Verhauer kann schnell mal eine oder auch zwei Stunden kosten und schon ist der gesamte Zeitplan Makulatur.

Eine defensive Tourenplanung sollte daher das Maß aller Dinge sein. Nur weil andere Seilschaften schwerere Routen klettern (und da vielleicht überfordert sind) oder nur weil der Partner etwas Schwereres im Sinn hat, muss man sich nicht dazu hinreißen lassen. Die Devise lautet: Langsam an die großen Ziele herantasten, dann erreicht man sie auch.

Umweltprobleme

Der Kletterer ist in seinem Tun ein Naturnützer. Da aber viele Kletterer gerne draußen in der Natur sind und diese auch zu schätzen wissen, sind viele auch Naturschützer. Denn nur wer die Natur liebt und kennt, kann sie auch schützen.

Es ist in der Vergangenheit vielfach zu Problemen zwischen Kletterern und Naturschützern gekommen. Ganze Gebiete wurden (und werden) für den Klettersport gesperrt. Es gibt fast kletterfreie Bundesländer, zum Beispiel Nordrhein-Westfalen. Leider ist es häufig schwierig, den Begründungen zu folgen. Mit echtem Naturschutz hat das häufig nichts zu tun. Über private und politische Interessen wird das Deckmäntelchen des Naturschutzes gelegt.

Das ändert aber nichts daran, dass bei der Ausübung des Sports Klettern tatsächlich auch umwelttechnische Probleme auftreten.

Die Anfahrt

Man sollte bei der Anreise zu den Klettergebieten darauf achten, dass die Anfahrtskilometer und die Klettermeter in einem sinnvollen Verhältnis zueinander stehen.

Es lohnt sich nicht, für ein Wochenende 400 Kilometer zu fahren, um sie einen Tag später wieder zurück zu fahren. Meist sind nahe liegende Klettergebiete eine echte Alternative.

Zudem gilt es immer zu prüfen, ob nicht eine Anreise mit den öffentlichen Verkehrsmitteln möglich und sinnvoll ist. In der Kombination mit dem Bike ergeben sich vielfältige Möglichkeiten.

Führt die Bahn nicht zum Ziel, sind Fahrgemeinschaften allemal umweltverträglicher als wenn jeder aus Bequemlichkeit mit seinem eigenen Auto fährt.

Am Fels

Seit das Sportklettern eine eigenständige, beliebte Sportart geworden ist, werden die Felsgebiete der Mittelgebirge häufiger von viel mehr Leuten besucht als früher. Das bringt Probleme mit sich. Aber mit etwas gesundem Menschenverstand und einem offenen Auge kann man viele Probleme vermeiden. Das beginnt beim Parken. Wiesen oder Felder sind keine Parkplätze. Wirtschaftswege lässt man für Traktoren passierbar. Für den Zustieg sollten vorhandene Wege benutzt werden. Auch läuft man nicht quer über Wiesen oder Felder. Am Fels selbst ist bei Einstiegen und Zustiegen die Erosion ein Problem. Angelegte Wege sollten deshalb auch benutzt werden und nicht durch Abschneider abgekürzt werden, wie man es leider immer wieder beobachten kann. Ausgewiesene Sperrzonen müssen beachtet werden.

Beim Klettern wie beim Sichern werden Pflanzen jeglicher Art so gut wie möglich gemieden. Fällt das Seil beispielsweise beim Abziehen in einen Baum, wird es nicht herausgerissen, sondern es wird möglichst vorsichtig entfernt.

Dass an den Einstiegen kein Müll zurückbleibt, ist selbstverständlich. Auch Zigarettenkippen gehören nicht am Standplatz in irgendwelche Felslöcher gedrückt. Wer seine Notdurft verrichten muss, ent-

Angelegte Zustiege zu den Felsen

fernt sich nicht nur ein paar Meter, sondern sucht
sich in angemessener Entfernung ein geeignetes
Fleckchen. Gibt es Toiletten, sollten diese auch benutzt werden.

Umlenker am Routenende haben ihren Sinn. Die
Felsköpfe sind besonders sensible Bereiche mit
Reliktpflanzen, die sich nach der letzten Eiszeit auf
diese kargen Standorte zurückgezogen haben.
Auch wenn es manchmal reizt, noch den letzten
Meter zu klettern: An der Umlenkung ist Schluss!
Magnesiaverbote sind vielleicht nicht immer nach-
vollziehbar, sollten aber trotzdem beachtet werden.
Wer diese grundlegenden Verhaltensweisen und
Vorschriften nicht befolgt, gefährdet die Arbeit von
Alpenverein und IG-Klettern und nimmt eine Sper-
rung der betreffenden Felsen oder des ganzen Ge-
bietes in Kauf.

Im Gebirge

Im Prinzip sind die Probleme in den Alpen ähnlich
geartet wie in den Mittelgebirgen. Auch hier steht
eine umweltschonende Anreise im Vordergrund.
Dass Abschneider nicht willkommen sind, wissen
wir inzwischen, also bitte auch im Gebirge auf den
Wegen bleiben.

Und selbst wenn der Rucksack auf die Dauer
drückt: Den Müll kann man wieder mit ins Tal nehmen. Vor allem dann, wenn man die Verpackun-
gen voll hinaufgetragen hat.

Wie verhält man sich am Fels?

Tipp

An dieser Stelle auch nur eine
Auswahl von Klettergebieten auf-
zulisten, würde in ganz erheblichem Maße den Rahmen sprengen. Wer Klettergebiete oder
Klettermöglichkeiten in der Nähe
seines Wohnortes sucht, wendet
sich am besten an die nächst-
gelegene Alpenvereinssektion.
Aber inzwischen finden sich auch
im Internet zahlreiche Informationen zu Klettergebieten, selbst zu
denen in den entlegensten Winkeln der Welt. Dabei kann man
immer öfter über Suchfunktionen
Schwierigkeitsbereiche definie-
ren oder z.B. nach kinderfreundlichen Klettergebieten suchen.

Glossar

abbauen	Material aus einer Route einsammeln
abgespanntes Kräftedreieck	besondere Sicherung am Standplatz
ablassen	passives abseilen einer Person
Abseilachter	Gerät zum Sichern und Abseilen
abseilen	kontrollierter Abstieg am Seil
absichern	Fixpunkte in einer Route anbringen
abspecken	Abnutzen der Felsoberfläche
Achter	Kurzbegriff für Abseilachter
Achterknoten	spezieller Anseilknoten
Ankerstich	einfacher Durchsteckknoten
anseilen	sich fest mit dem Seil verbinden
ATC	spezielles Sicherungsgerät (Tube)
ausbouldern	Passagen einer Route probieren
auschecken	anschauen oder probieren einer Route
Bandschlinge	Rundschlinge für vielfältige Absicherungen
Begehung	klettern einer Tour
Belay Master	spezieller Sicherungskarabiner
birnenförmig	Form der HMS-Karabiner
Bogenspannung	leichte Hohlkreuzstellung
Bouldern	klettern in Absprunghöhe
Bremshand	Hand hinter der Sicherung
Bulinknoten	spezieller Anseilknoten (doppelter Bulin)
Chalkbag	kleines Säckchen für Magnesia
Cheater Stick	Stock zum Klinken des ersten Hakens
checken	siehe auschecken
clean	ohne irgendeine belassene Sicherung
clippen	einhängen des Seils in die Expresse
Crashpad	Sturzmatte beim Bouldern
Crux	Schlüsselstelle, schwierigste Stelle der Tour
Deuserband	starkes Gummiband für Trainingszwecke
Doppelseil	Sammelbegriff für Zwillings- und Halbseile
Doppelter Bulin	spezieller Anseilknoten
Drahtschnapper	Karabinerverschluss aus Draht (Wire Gate)
Dreipunktregel	Klettertechnik; immer mit drei Punkten am Fels
dynamische Sicherung	Sicherungsmethode für weiche Stürze
Eindrehen	Klettertechnik, bei der man seitlich zum Fels steht
einhängen	Seil in einen Karabiner oder in eine Umlenkung hängen
Expressschlinge bzw. Expresse	Karabinerpaar für die Verbindung zwischen Seil und Haken
fädeln	Seil direkt durch die Hakenöse führen
Fangstoß	Kraft, die beim Sturz auf den Kletterer wirkt
Felskopf	flacher (höchster) Teil eines Felsmassivs
Fingerbeuger	Muskel zum Beugen der Finger
fixierter Achter	am Karabiner befestigter Abseilachter
Fixpunkt	fixe Verankerung im Fels
Flash	Begehungsart beim Klettern
Flying Fox	Seilrutsche
Free solo	klettern ohne jegliche Sicherung
Friend	aufwändiges Klemmgerät für parallele Risse
Frosch	Klettertechnik, die an einen Frosch erinnert
GriGri	selbstblockierendes Sicherungsgerät
Grounder	Sturz auf den Boden
Grundlagenausdauer	Basis aller Ausdauerarten
Haken	Oberbegriff für alle Felshakenarten
Halbmastwurf	Sicherungsknoten
hängende Finger	verletzungsvorbeugende Grifftechnik
HMS	Abkürzung für Halbmastwurfsicherung
Hüftgurt	Kurzbegriff für Hüftsitzgurt (Sportklettergurt)
Karabiner-offen-Bruch	Karabinerbruch aufgrund eines offenen Schnappers
Keil	Kurzform für Klemmkeil
Kevlarschlinge	spezielle, sehr kantenstabile Reepschnurart aus Kevlar
Klebehaken	(falsche) Kurzbezeichnung für Verbundankerhaken
Klemmblock	Stein, der in einem Riss verkeilt liegt
Klemmgerät	siehe Friend
Klemmkeil	Sicherungsmittel für Risse

klinken	auch clippen, Einhängen von Karabinern
Knickbelastung	gefährliche Belastung eines Karabiners
Köpflschlinge	Bandschlinge über einen Felskopf
Körperschwerpunkt	Massenmittelpunkt des Körpers
Körpersicherung	Sicherung des Kletterers über den Gurt des Sichernden
Kräftedreieck	Verbindung zweier Fixpunkt zur Lastverteilung
krangen	verdrehen des Seils in sich
KSP	Kurzform für Körperschwerpunkt
Magic Plate	eine Version der Platte (zur Sicherung von Nachsteigern)
Magnesia	weißes Pulver, das den Handschweiß bindet
Mastwurf	Sicherungsknoten, besonders für die Selbstsicherung
Maximalkraft	größtmögliche Kraft
Moral	Synonym für Mut beim Vorstieg
Normalhaken	in den Fels geschlagene Haken
On sight	Begehungsstil von Kletterrouten
Pärchen	andere Bezeichnung für Expressen
pendeln	schwingen am Seil
Piazen	Klettertechnik, die auf Gegendruck basiert
Piaztechnik	siehe piazen
Pinkpoint	Begehungsstil von Kletterrouten
Plaisir	gut abgesicherte Genussroute (mehrere Seillängen)
Platte	deutsche Bezeichnung für die Magic Plate zum Sichern
Plattensicherung	Sicherung des Nachsteigers mit der Platte (s. o.)
Prusiken	Aufstiegstechnik am Seil
Prusikknoten	Klemmknoten
Querbelastung	ungünstige Belastungsrichtung für Haken/Karabiner
Reepschnur	ca. 5 Millimeter dickes Seilstück
Reihenschaltung	Verbindungsart zweier Fixpunkte
Ringhaken	Hakenform mit einem Ring in der Hakenöse
Rissklettern	Überbegriff für das Erklettern von Felsspalten
Rotpunkt	häufigster Begehungsstil von Kletterrouten
Sackstich	Verbindungsknoten
Sanduhr	durchgehender Verbindungssteg vor einem Felsloch

Sanduhrschlinge	Bandschlinge um den Verbindungssteg
Schleifknoten	Knoten zum Blockieren der Sicherung
Schnapper	der Teil des Karabiners, der die Öffnung schließt
Schrauber	Kurzform für Schraubkarabiner
Schweineschwanz	offener Umlenkhaken mit umgebogenen Enden
Seildehnung	Eigenart des Seils, sich bei Belastung zu verlängern
Seilkommando	festgelegte Kurzverständigung der Seilpartner
spotten	Sicherheitsstellung beim Bouldern
Standplatz	Sicherungsort bei Mehrseillängen-Routen
statische Sicherung	Sicherung an einem Fixpunkt ohne jedes Nachgeben
Stopper	besondere Form von Klemmkeilen
Sturzfaktor	Belastungsgröße = Sturzhöhe geteilt durch ausgegebenes Seil
Taktik	geplantes und vorausschauendes Klettern
Tape	vielseitiges Klebeband (Leukotape)
Topo	vereinfachte Skizze von Kletterrouten
Toprope	Sicherung mit Umlenkung am Routenende
Tube	Überbegriff für bestimmte Sicherungsgeräte
UIAA	Internationale Vereinigung der Alpinen Verbände
Verschlusskarabiner	Überbegriff für Karabiner mit Schnappersicherung
weich greifen	spezielle Grifftechnik
wegdefinieren	ein Griff oder Tritt darf nicht benutzt werden
Yosemite	legendäres Klettereldorado in Kalifornien
Zehen aufstellen	Form der brutalen Anpassung der Füße an kleine Schuhe
Zentralpunkt	Punkt am Standplatz, an dem alle Sicherungspunkte zusammenlaufen
Zwillingsseil	zwei dünne Seile, die wie ein dickes benützt werden
Zwischensicherung	Sicherungspunkt in einer Kletterroute

Literatur

Albesa Lioveras: Klettertraining, blv Verlag, München 2001

Michael Hoffman, Wolfgang Pohl: DAV Alpin-Lehrplan 2: Felsklettern, Sportklettern, blv Verlag, München 2001

Peter Geyer, Andi Dick: DAV Alpin-Lehrplan 3: Hochtouren, Eisklettern, blv Verlag, München 2001

Stefan Winter: Richtig Sportklettern, blv Verlag, München 2001

Pepi Stückl, Georg Sojer: Bergsteigen, Bruckmann Verlag, München 2002

Thomas Hochholzer, Volker Schöffel: So weit die Hände greifen, Lochner Verlag, Ebenhausen 2001

Michael Hoffmann: Sportklettern, Panico Verlag, Köngen 2001

Mammut: Seil, Broschüre über Seile, Seon 2002

Bildnachweis

Alle Fotos stammen von Birgit Gelder, mit Ausnahme der Fotos auf S. 10 (Gerd Heidorn) und S. 11 (Heinz Zak).
Die Grafiken auf S. 22 sind entnommen aus Heinz Mariacher, AVF Dolomiten, Marmolada-Hauptkamm, erschienen im Bergverlag Rother, Ottobrunn. Die Grafik auf S. 109 wurde entnommen aus dem Alpin-Lehrplan Band 2, Felsklettern – Sportklettern. Alle anderen Grafiken stammen von Georg Sojer.

Titel: Genussklettern in Nago
S. 1: Tutti-frutti in Vranjska Draga/Istrien
S. 2/3: Direkt neben der Straße: Frauenwasser/Oberammergau
S. 4/5: Im Klettergebiet Burglesau im Frankenjura
S. 6: Unterwegs im Elbsandstein: die Herkules-säule im Bielatal
S. 8: In der East Buttress am El Capitan, Yosemite/USA
S. 12: Auf dem Gipfel des Svijeća, Vranjska Draga/Istrien
S. 28: Im Klettergebiet Nago am Gardasee.
S. 44: Unterwegs im Granit des Restonica-Tales/Korsika
S. 60: Abseilen über dem Col de Bavella/Korsika
S. 72: Licht und Schatten an der Südwand der Ciavazzes, Sellapass/Dolomiten
S. 90: Klettern und baden bei Erbalunga/Korsika
S. 114: Traum oder Albtraum? Kamin im Kaiser/Österreich
S. 126: Von Wind und Wellen geformt: Klettern am Fels von Porto/Korsika
S. 127: Cinque Torre oberhalb von Corina d'Ampezzo/Dolomiten

Der Autor

Impressum

Olaf Perwitzschky klettert nunmehr seit dreißig Jahren. Für ihn ist Klettern aber nicht nur ein Hobby, denn als staatlich geprüfter Berg- und Skilehrer ist es auch sein Beruf. Seine meiste Zeit verbringt Olaf als Redakteur bei der Zeitschrift ALPIN. Dort betreut er als Material-Fetischist vor allem Kletter-Themen und Produkttests.

Während des Studiums (das ihm den Titel Diplomsportlehrer einbrachte) hatte er einen Lehrauftrag für Alpinistik an der Deutschen Sporthochschule Köln. In dieser Zeit sammelte er auch Erfahrung bei Kletterwettkämpfen. Aber am liebsten ist er am Naturfels unterwegs. Das bringt fast zwangsläufig mit sich, dass Erstbegehungen in Fels und Eis in seinem Tourenbuch zu finden sind.

Wenn es seine Zeit zulässt, reist er gerne und verbindet das, wie sollte es anders sein, mit Bergsteigen oder Klettern. So war er schon mehrmals in Asien, Nord- und Südamerika und Afrika.

Heute versucht er das Draußensein, Klettern und die Familie unter einen Hut zu bringen. Besonders Sportklettern bietet sich dafür an und er ist häufig in kinderfreundlichen Klettergebieten in ganz Europa zu finden.

Bibliografische Information Der Deutschen Bibliothek
Die Deutsche Bibliothek verzeichnet diese Publikation in der Deutschen Nationalbibliografie; detaillierte bibliografische Daten sind im Internet über http://dnb.ddb.de abrufbar

BLV Verlagsgesellschaft mbH
München Wien Zürich
80797 München

© 2003 BLV Verlagsgesellschaft mbH, München

Lektorat: Barbara Hörmann, Murnau
Herstellung: Angelika Tröger
Satz: Uhl + Massopust, Aalen
Einbandgestaltung: Joko Sander Werbeagentur, München
Layoutkonzept: Sabine Fuchs
Umschlagfotos: Birgit Gelder
Grafiken: Georg Sojer

Gedruckt auf chlorfrei gebleichtem Papier.

Printed in Germany · ISBN 3-405-16473-7

Die Ausarbeitung aller beschriebenen Klettertechniken und Sicherungsformen erfolgte nach bestem Wissen und Gewissen des Autors. Dieser und der Verlag weisen jedoch darauf hin, dass die Anwendung des Beschriebenen nur durch fachkundige Anleitung erlernt werden kann. Autor und Verlag können nicht für Unfallfolgen, gleich welcher Art, haftbar gemacht werden.

Know-how für die Trainingspraxis

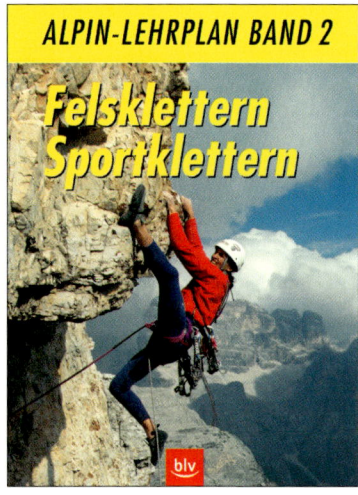

ALPIN-LEHRPLAN BAND 2
Felsklettern Sportklettern

Michael Hoffmann/
Wolfgang Pohl
**Alpin-Lehrplan Band 2:
Felsklettern – Sportklettern**
Klettertechniken, Taktik beim
klassischen Felsklettern, Stürzen
und Taktik beim Sportklettern,
Sicherungsmethoden, Ausrüs-
tung, Wetter, alpine Gefahren,
Orientierung, Erste Hilfe, Trai-
ning, Umwelt- und Natur-
schutz.

Peter Geyer / Andreas Dick
**Alpin-Lehrplan Band 3:
Hochtouren – Eisklettern**
Gletscherwanderungen, Hoch-
touren, kombinierte Touren in
Eis und Fels, Eisklettern in Eis-
wänden oder gefrorenen Was-
serfällen, Expeditionen: Bewe-
gungstechnik und Taktik,
Sicherungstechnik, Theorie,
Umwelt- und Naturschutz.

Alexander und Thomas Huber /
Herausgeber Reinhold Messner
The Wall
Die erste Dokumentation über
Alexander und Thomas Huber –
Vorbild und Wegbereiter für
innovative Kletterer im höchsten
Schwierigkeitsgrad: Entwicklungs-
stationen, spektakuläre Erstbege-
hungen und Expeditionen; mit
Kommentaren von Reinhold
Messner.

Stefan Winter
**Sportklettern mit
Kindern und Jugendlichen**
Kletter- und Sicherungsformen,
didaktisch aufgebaute Übungs-
vorschläge, spezielle Tipps für
verschiedene Altersstufen, Recht
und Versicherung, Vorbeugen
von Überlastungsschäden u.v.m.

BLV Sportpraxis Top
Stefan Winter
Richtig Sportklettern
Sportklettern erstmals ausführlich mit Bouldern (Klettern in Absprunghöhe): Ausrüstung, Klettertechniken und Bewegungstaktik, Sicherungstechnik, Gesundheit, Training.

RICHTIG
BLV SPORTPRAXIS TOP
Sport-klettern
Stefan Winter

Reinhold Messner
**Vertical
100 Jahre Kletterkunst**
Alpingeschichte zum Nacherleben:
die Entwicklung des Felskletterns
zum Hochleistungssport heute.

Albesa/Lloveras
Klettertraining
Optimierung der motorischen, konditionellen
und mentalen Fähigkeiten
BLV SPORTWISSEN

BLV Sportwissen
Carles Albesa / Pere Lloveras
Klettertraining
Optimierung der motorischen,
konditionellen und mentalen
Fähigkeiten
Sportklettern in der Halle und
am Fels, Klettern mit und ohne
technische Ausrüstung, Wett-
kampfklettern; Training von Technik, Strategie, mentalen und
motorischen Fähigkeiten; Trai-
ningsplanung und -durchführung.

Pascal Sombardier
**Die Klettersteige
der Dolomiten**
Die 50 schönsten Eisenrouten in
den Dolomiten und rund um den
Gardasee; Beschreibung jeder
Tour: An- und Abstieg mit groß-
formatigen Fotos und Routen-
skizze; Kurzinfos zu jeder Tour:
Ziel, Ausgangspunkt, Weglänge,
Höhenunterschiede usw.